Antonia & Barbara Thiemann

Die geheimnisvolle Welt der Zwillinge

Verblüffende Fakten und wissenswerte Kuriositäten über Geschwister im Doppelpack

edition riedenburg

Bibliografische Information der Deutschen Nationalbibliothek:
Die Deutsche Nationalbibliothek verzeichnet diese Publikation in der Deutschen Nationalbibliografie;
detaillierte bibliografische Daten sind im Internet über http://dnb.d-nb.de abrufbar.

1. Auflage	Oktober 2018
© 2018	edition riedenburg
Verlagsanschrift	Anton-Hochmuth-Straße 8, 5020 Salzburg, Österreich
Internet	www.editionriedenburg.at
E-Mail	verlag@editionriedenburg.at
Lektorat	Dr. Heike Wolter, Obertraubling
Bildnachweis	Coverfoto: © Mario Güldenhaupt alias MR. Blickfang
	Fingerabdrücke: © dashakovtun – Fotolia.com
Satz und Layout	edition riedenburg
Herstellung/Verlag	BoD- Books on Demand, Norderstedt

ISBN 978-3-903085-95-4

Inhalt

AM BESTEN IM DOPPELPACK.
EIN GRUSSWORT

In meine ARD-Vorabendshow „Gottschalk live" habe ich vor einigen Jahren Menschen mit Träumen eingeladen, Antonia und Barbara aus Berlin waren dabei. An die beiden kann ich mich noch gut erinnern. Schon lange wollten sie ein Literaturprojekt über Zwillinge starten. Was bedeutet das, doppelt zu sein? Ist man dann manchmal nur halb? Kann jemand, der dauernd verwechselt wird, überhaupt einzigartig sein?

Es gibt Zwillinge, die ihr Schicksal als Fluch empfinden. Ich bin sicher, bei meinem Zwillingsbruder ist das so. Antonia und Barbara waren in meiner Sendung, gemeinerweise – gut, ich muss gestehen, auf leichten Druck der Redaktion – auch noch gleich angezogen, und haben für ihr Zwillingsbuchprojekt geworben. Durch ihren Auftritt bei mir haben sie viele andere Zwillinge kennengelernt, gingen zu Zwillingsforschern, recherchierten in einer Zwillingsdatenbank und – schrieben ihr Buch.

Schön, dass das geklappt hat. Ich weiß nicht mehr, wer Barbara und wer Antonia war, und, um ehrlich zu sein, ich wusste es nie. Ich kann nicht mal die Klitschkos auseinanderhalten, aber ich kann mich erinnern, dass die eine schwanger war und die andere immer Appetit auf saure Gurken hatte. In „Hashtag Zwilling" finden Sie noch mehr von diesen lustigen Geschichten. Kaufen Sie es am besten im Doppelpack!

Thomas Gottschalk

ZUR VORGESCHICHTE

WIE ALLES BEGANN

Dieses Buch über das „Dasein eines Zwillingspartners" ist aus einem Bedürfnis entstanden, welches uns Schwestern schon seit vielen Jahren innewohnt. Doch meist braucht es für die Umsetzung einer Idee einen Auslöser. Diesem Funken begegneten wir auf recht ungewöhnlichem Wege, und das war so:

Von unserer Mutter erhielten wir einen Anruf, in welchem sie von einem öffentlichen Aufruf von Thomas Gottschalk berichtete. Zum Epilog seiner Sendung „Gottschalk live" sei es sein Anliegen, die 66 der ihm am originellsten erscheinenden Träume seiner Zuschauer zu erfüllen. Unsere Idee schien dem Moderator zu gefallen, denn wenige Wochen später durften wir öffentlich darüber berichten.

Nicht selten lagen wir in den Jahren zuvor unserer Familie und unseren Freunden mit unserem „Traum" von einem Zwillingsbuch in den Ohren und hatten Geschichten zu erzählen, welche oft zur Erheiterung der Menschen beitrugen.

Genau genommen liegt es auf der Hand, wie es zu diesem Wunsch kam: Schon als kleine Kinder hatten wir das Gefühl, nicht wie andere Menschen zu sein. Wohin wir auch gingen, die Reaktionen der Leute erschienen uns oft sonderbar.

Ist es nicht so, dass uns schon in der frühesten Kindheit eingebläut wird, andere Menschen nicht zu beäugen, nur weil diese im ersten Moment anders erscheinen? Neugierige Blicke galten doch als verwerflich oder zumindest unschicklich. Trotzdem muss diese Fixierung nicht immer negativer Natur sein. So gibt es beispielsweise das Phänomen des Beäugens von Brautpaaren oder von Prominenten, welche aus einer gewissen Faszination heraus bestaunt werden.

Diese positive Wahrnehmung trifft wohl auch auf das zu, was uns beide auffällig macht: Wir sehen uns zum Verwechseln ähnlich – denn: Wir sind eineiige Zwillinge! In den vielen Jahren unseres Zwillingsdaseins kam es nicht selten vor, dass aus den neugierigen Blicken, die uns trafen, interessante Gespräche und Fragen entstanden. Der Vorteil dieser Erkundigungen: Sie eignen sich als perfekte Grundlage für weiterführende Gesprächsthemen. Nutzen beispielsweise die Engländer die Wetterlage als Einstieg für eine Unterhaltung, so öffnen uns die vielen ungeklärten Fragen aus der faszinierenden Welt der Zwillinge erste Verbindungen mit anderen.

Was jedoch auffällt: Es handelt sich bei diesen Fragen fast ausschließlich um Stereotype, Vorurteile oder andere Kuriositäten aus dem Leben eines Zwillings.

Doch was ist überhaupt so interessant an diesem Phänomen „Zwilling"? Warum weckt es in vielen Menschen solch eine Faszination, die in der Literatur auch als Schock, als Erstaunen oder sogar als Angst beschrieben wird? Zwillingsforscher vertreten gelegentlich die These, der Reiz liege in der Abweichung von der Norm. Eine Mutter bringe in der Regel eben immer nur ein einzelnes Kind auf die Welt. Doch ist es tatsächlich die Andersartigkeit, welche die Menschen so sehr fesselt? Das kann unserer Meinung nach nur ein Teil der Wirklichkeit sein.

Wir behaupten: Weil es eine menschliche Sehnsucht nach Geborgenheit und Zusammenhalt, nach Wärme und Kommunikation gibt und weil Menschen auf der Suche nach einem Vertrauten sind, ist dies ein Thema, welches viele in den Bann zieht. Doch tauchen wir dazu etwas tiefer in die Welt der menschlichen Bedürfnisse ein.

AUF DER SUCHE NACH NÄHE – 1:0 FÜR ZWILLINGE

Glaubt man der vorliegenden Literatur, so war es ein Herr Abraham Harold Maslow, ein US-amerikanischer Psychologe, der durch sein Entwicklungsmodell der „Hierarchie menschlicher Bedürfnisse" berühmt wurde. Ihm zufolge ist neben den Bedürfnissen nach Nahrung, Schlaf oder etwa einem sicheren Wohnraum das Bedürfnis nach Kommunikation, Zugehörigkeit und Liebe eines der zentralsten.

Gibt man auf Google den Begriff „soziale Bedürfnisse" ein, so entdeckt man rasch die Seite des Glücksarchivs. Hierbei wird deutlich, dass die Nähe zu uns wichtigen Menschen eine der größten Glückquellen im Leben zu sein vermag – ob in der Partnerschaft, durch die eigenen Kinder oder durch unsere Freunde. Doch was steht bei einem Beziehungsbedürfnis überhaupt im Vordergrund?

Auf der Suche nach einer Antwort auf diese Frage begegnet uns der Psychologe Richard G. Erskine. Dieser zählt zu den Beziehungsbedürfnissen unter anderem das Verlangen, sich körperlich und emotional sicher aufgehoben zu fühlen. Menschen wollen sich in einer Beziehung so zeigen, wie sie sind, ohne befürchten zu müssen, die Zuneigung und den Respekt des Partners zu verlieren. Sie wollen von einer starken, verlässlichen und schützenden Person angenommen werden. Der Mensch ist demnach auf der Suche nach einem Kameraden, der die eigenen Erfahrungen teilt und verstehen kann, der die eigene Zuneigung und Dankbarkeit annimmt und einen selbst als einzigartig wahrnimmt.

All diese Bedürfnisse werden in einer Zwillingsbeziehung erfüllt. Der Unterschied zur gewöhnlichen Suche nach diesem Partner: Bevor überhaupt der Wunsch oder das Bewusstsein dieses Wunsches aufkommen kann, ist dem jeweiligen Zwilling der Kamerad schon in die Wiege gelegt.

Was bis hierhin deutlich wurde: Glück entwickelt sich (auch) durch die Erfüllung wichtiger Bedürfnisse der Menschen. Und dies scheint in einer sehr engen Verbindung zum Vorhandensein eines Partners zu stehen.

Sind nun aber wirklich alle Menschen auf der Suche nach einem vertrauten Begleiter? Werfen wir dazu einen Blick in die Tierwelt. Hier wird schnell klar, dass nicht jedes Tier das Bedürfnis nach Geselligkeit hat. So bevorzugen beispielsweise ein Chamäleon oder eine Landschildkröte das Leben als Einzelgänger. Hingegen gehören Pferde oder Schafe zu den Tieren, die nur in der Gemeinschaft Wohlbefinden erlangen.

Aus dieser Betrachtung heraus stellt sich für uns unweigerlich die Frage: Sind alle Menschen Herdentiere? Vermutlich nicht. Die Mehrheit aber schon. Fest steht jedoch für uns: Wir, die wir ein Leben lang mit einem Zwilling verbunden sind, leben in einer rätselhaften und doch reichen Welt an Vertrautheit und Wärme, die niemand – andere Zwillinge ausgenommen – auch nur zu erklären imstande ist.

Für Nichtzwillinge entstehen aus dieser Undurchsichtigkeit, möglicherweise sogar aus der eigenen Sehnsucht nach einem lebenslangen Begleiter, unzählige Fragen. Diese ranken sich um die äußere Ähnlichkeit, aber auch um die Verbindung zwischen Zwillingen. Kann ein Zwilling ohne den anderen leben? Besteht tatsächlich ein geistiges Band? Wer könnte diese Fragen nach der rätselhaften Welt der Zwillinge besser beantworten als wir?

Bevor wir uns allerdings auf diese Reise begeben, möchten wir nicht nur uns, sondern vor allem unsere Experten, unsere Zwillingspaare und

Zwillingseltern kurz vorstellen. Natürlich begegnen wir auf den kommenden Seiten noch vielen weiteren Autoren und Zwillingspaaren. Auch diesen gilt unser großer Dank. Bei den nun vorgestellten gibt es allerdings eine Besonderheit: Im persönlichen Kontakt zu uns begleiteten sie unseren gesamten Schreibprozess, beantworteten unsere Fragen und bereicherten unser Buch mit wunderbaren Anekdoten und wissenschaftlichen Erkenntnissen.

OHNE SIE KEIN BUCH

ANTONIA UND BARBARA

„Wir" sind Antonia und Barbara Thiemann. Am selben Tag am selben Ort und von derselben Mutter geboren, leben wir seit nunmehr 37 Jahren als eineiiges Zwillingspärchen am Rande von Berlin. Während Antonia mit 1.700 Gramm und 41 Zentimetern um 00.05 Uhr des 22. August das Licht der Welt erblickte, kam Barbara mit 1.200 Gramm und 40 Zentimetern um 00.10 Uhr zur Welt. Damit nahmen wir unserer Mutter die große Sorge darüber, was wäre, wenn eines ihrer Zwillingsmädchen vor Mitternacht und das andere nach Mitternacht zur Welt käme.

Einer der bizarrsten Umstände in unserem bisherigen Zwillingsleben widerfuhr uns ganz sicher während der Schwangerschaft von Barbara: Wir durchlebten sie gemeinsam. Ob Heißhungerattacken, Rückenschmerzen, Völlegefühl oder Müdigkeit – jede Etappe wurde von uns beiden mutig angenommen.

DR. HABIL. ANDREAS BUSJAHN

Wie entstehen Zwillinge? Welche Ursachen gibt es dafür? Und sehen sich eineiige Zwillinge immer zum Verwechseln ähnlich? Um diese und viele weitere Fragen eindeutig beantworten zu können, haben wir uns Zwillingsforscher Andreas Busjahn zu Hilfe geholt. Im Jahre 1958 in Berlin geboren, studierte er erst klinische Psychologie an der Humboldt-Universität zu Berlin und arbeitete später auf dem Gebiet der Stressforschung. Hier entdeckte er auch sein Interesse an der Genetik. So baute er an der Charité in Kooperation mit dem Max-Delbrück-Centrum für Molekulare Medizin eine Arbeitsgruppe zur Zwillingsforschung auf und gründete im Jahr 2003 die HealthTwiSt GmbH. Seine Erfahrungen und Untersuchungen der vergangenen Jahre halfen uns dabei, vielen Zwillingsvorurteilen auf die Schliche zu kommen.

DR. HELGA NEUMANN

Zur Beantwortung aller Fragen zur Entstehung von Zwillingen stand uns die Fachärztin für Gynäkologie und Geburtshilfe, Dr. Helga Neumann, zur Seite. 1936 in Königsbrück bei Dresden geboren, studierte sie von 1954 bis 1959 Humanmedizin in Leipzig und Dresden. Im Jahre 1967 zog es sie nach Berlin, wo sie viele Jahre als Leiterin der Gynäkologischen Abteilung der Poliklinik Johannisstraße in Berlin-Mitte tätig war. Seit 1991 arbeitete sie in freier Niederlassung in Berlin und begleitete unzählige Schwangerschaften und Geburten. Das Zwillingsthema ist auch heute noch sehr spannend für Frau Dr. Neumann. So erzählt sie uns: „Zwillingsschwangerschaften waren immer eine Herausforderung, meist wurden sie in der Risikoschwangerenberatung weiter betreut."

PROF. DR. RUDOLF DAU

Unser lieber und langjähriger Freund, der Germanist und Historiker Prof. Dr. Rudolf Dau, ging mit uns auf Rechercherreise nach den Zwillingen als Inspiration für Mythen, Märchen und Literatur. Nach dem Studium an der Humboldt-Universität Berlin forschte und publizierte er zu zahlreichen Gegenständen der Literaturgeschichte. Inzwischen im sogenannten „Ruhestand", kann er sich unbeschwert seinen Lieblingsgegenständen zuwenden. Schon seit vielen Jahren fasziniert ihn das Thema „Zwillinge", das über Jahrtausende hinweg immer wieder literarische oder andersartige künstlerische Gestalt angenommen hat. Ein Thema, das ihn aber auch im gegenwärtigen realen Leben interessiert und berührt.

PROF. DR. MED. DIETRICH VON SCHWEINITZ

Prof. Dr. med. Dietrich von Schweinitz ist erfahrener Kinderchirurg und Direktor der Kinderchirurgischen Klinik und Poliklinik im Dr. von Haunerschen Kinderspital. Als Mitglied mehrerer Fachgesellschaften ist er auch auf dem Gebiet der angeborenen Fehlbildungen sehr versiert. Er stand uns zu unseren Fragen über siamesische Zwillinge Rede und Antwort. Denn die Trennungsoperation siamesischer Zwillinge stellt in dieser kinderchirurgischen Klinik fast schon eine kleine Tradition dar.

ZWILLINGSMUTTER INGRID

Die schönsten Antworten über die Stereotype von Zwillingen wissen meist die Eltern derselben zu berichten. Neben den Antworten unserer eigenen Zwillingsmama und den vielen Zwillingsmüttern, welche uns nach unserem Auftritt bei „Gottschalk live" anschrieben, war es vor allem Ingrid, die sich viel Zeit für die Beantwortung der Interviewfragen nahm. Sie ist es auch, die nicht nur die schönen und lustigen Geschichten aus dem Leben mit Zwillingen zu erzählen weiß. Vom Schicksal verfolgt, verbrachte sie vor allem mit ihrer zweitgeborenen Zwillingstochter viele Jahre in Krankenhäusern.

Auch versteht es Ingrid wunderbar, den Unterschied zu einer Einzelschwangerschaft zu beschreiben. Denn neben ihren Zwillingsmädchen gibt es noch ihren erstgeborenen Sohn und großen Bruder der Zwillingskinder.

ZWILLINGSVATER WERNER

Zwillingsautor Werner Blattert bereicherte unser Zwillingswissen bereits vor vielen Jahren. Beim Schreiben unterstützte er uns mit seinen Erinnerungen und eigenen Erfahrungen als Zwilling und Zwillingsvater von Zwillingsmädchen, um den vielen offenen Fragen und Vorurteilen auf den Grund zu gehen. Doch die Angelegenheit „Zwillinge" begleitet ihn nicht nur im Privatleben. So profitiert dieses Buch auch von seinen Lehrererfahrungen mit Zwillingen: „Ich erinnere mich an ein Zwillingspaar, Jungen, die auseinandersaßen und trotzdem bei einer Klassenarbeit die gleiche Note schrieben und verblüffenderweise sogar fast die gleichen Fehler machten." Aber das sind längst nicht alle Beobachtungen dieses Zwillingsfachmannes.

Nun zu den von uns befragten Zwillingsgeschwistern, die wir schriftlich zu ihren Angewohnheiten befragt haben. Sie sind dem Alter nach sortiert.

ANASTASIA UND ALINA

Alter: 12 Jahre
Eineiig oder zweieiig? Zweieiige Zwillinge
Verblüffende Ähnlichkeiten? Alina ist aufbrausend und hat glatte kurze Haare. Dagegen ist Anastasia ruhig und hat Locken. Alina redet viel zu viel und ist kleiner. Anastasia kommt kaum zu Wort und ist größer als Alina.
Der Auftakt ins Zwillingsleben: Kaiserschnitt.
Geburtsminuten, die uns trennen: 2 Minuten
Wer hatte die Nase vorn: Alina
Das weiß nicht jeder: In unserer Familie häufen sich Zwillingsgeburten.
Geschwister: 11 Jahre ältere Zwillingsschwestern
Ein gemeinsamer Wunsch: Nein, eigentlich gibt es keinen.

Wir können uns bildhaft vorstellen, wie sich Lockenköpfchen Anastasia und die kurzhaarige Alina kabbeln. Denn das tun sie nach eigener Aussage „dauernd".

Besonders schön finden sie am „Zwillings-Dasein", dass man nie alleine ist. Und erst recht nicht, wenn sich Zwillinge in der eigenen Familie häufen. Zu diesem Thema steuern diese beiden Schwestern dem Buch eine besonders schöne Geschichte bei. Denn sie sind die kleinen Zwillingsschwestern der eineiigen Zwillinge Ramona und Michaela.

Ganz klar, dass wir diese beiden Geschwisterpaare in Gemeinschaft für unser Zwillingsprojekt gewinnen wollten. Auf die Frage „Wie ist es, Zwillinge als Schwestern zu haben?", antworten die Mädchen: „Anstrengend, auf Grund des großen Altersunterschiedes – man kann sogar von Machtkämpfen sprechen. Und die Großen erziehen die Kleinen mit."

Beide Geschwisterpaare denken nicht, dass sie eine besondere Verbindung zu den jeweilig anderen Zwillingen haben. Sie sehen ihr Verhältnis eher normal: „Wie es unter Geschwisterkindern eben ist." Doch gibt es eine besonders schöne Gemeinsamkeit bei diesen Zwillingspaaren.

Ramona und Michaela

Alter: 23 Jahre

Eineiig oder zweieiig? Eineiige Zwillinge

Verblüffende Ähnlichkeiten? Augenfarbe, Haarfarbe, Schuhgröße und Konfektionsgröße sind gleich. Unsere Gesichtsform ist ein bisschen unterschiedlich. Michaela wollte schon immer blond und kurzhaarig sein und Ramona hat sich ihre langen Haare dunkelbraun gefärbt. Und außerdem ist Michaela ein bisschen größer.

Unterschiede gibt es in der Wahl des Berufes: Ramona macht gerade ihren Bachelor. Sie wird Gymnasiallehrerin für Deutsch und katholische Theologie. Michaela hat letztes Jahr ihre Ausbildung zur Kauffrau für Marketingkommunikation beendet und arbeitet in einer Werbeagentur.

Der Auftakt ins Zwillingsleben: Die Zwillingsschwestern kamen „normal" zur Welt. Michaela lag falsch herum und musste gedreht werden. Nach der Geburt erlitt die Mutter der beiden Schwestern einen Nabelbruch.

Geburtsminuten, die uns trennen: 3 Minuten

Wer hatte die Nase vorn: Ramona

Das weiß nicht jeder: Unser Geburtstag ist wie Weihnachten. Denn unsere Schwestern sind auf den Tag genau 11 Jahre jünger und ebenfalls Zwillinge. Wir haben also alle an einem Tag Geburtstag.

Geschwister: 11 Jahre jüngere Zwillingsschwestern

Ein gemeinsamer Wunsch: Wir würden uns wünschen, einmal zusammen die Hauptrollen in einem Film zu spielen.

Die Zwillinge Ramona und Michaela klären uns darüber auf, in welcher mysteriösen Verbindung schmerzende Weisheitszähne und ein ahnungsloser Schulbesuch stehen können.

Es gibt nur wenige Unterschiede zwischen den beiden eineiigen Zwillingsfrauen. Der gravierendste besteht – so Ramona – in ihren ungleichen Charakteren. So sieht sie ihre Schwester als die Dominante in ihrer Zwillingspartnerschaft. Bestes Unterscheidungsmerkmal der Zwillinge: Ramonas Muttermale auf einer Wange.

Beide steuern tolle Geschichten zum geistigen Band zwischen Zwillingen bei. Und damit haben die beiden Frauen viel Erfahrung, denn Zwillingsgeburten kamen in ihrer Familie häufiger vor. Schließlich gibt es da noch ihre 11 Jahre jüngeren zweieiigen Zwillingsschwestern.

LOUIS UND AXEL

Alter: 24 Jahre

Eineiig oder zweieiig? Eineiige Zwillinge

Verblüffende Ähnlichkeiten? Wir haben die gleiche Augenfarbe. Auch die Größe war lange Zeit ungefähr gleich. Mittlerweile ist Axel rund zwei Zentimeter größer. Die Schuhgröße ist ebenfalls gleich. Louis' Gesicht ist ein wenig breiter, und er hat mehr Muttermale. Wenn wir uns vergleichen, dann sehen wir schon Ähnlichkeiten, aber wir finden beide, dass wir anders aussehen. Die größte Gemeinsamkeit ist unser Beruf als Hochbauzeichner. Axel wird vielleicht eher in dem Beruf bleiben oder sich in der Richtung weiterbilden, Louis schlägt dagegen noch einen weiteren Weg ein und will noch mehr von der Welt sehen.

Der Auftakt ins Zwillingsleben: Axel kam «normal» zur Welt, er ist der Erstgeborene. Louis hingegen wollte anscheinend nicht so recht das Licht der Welt erblicken und ließ sich mehr Zeit. Als es schließlich zu lange dauerte, ging dann plötzlich alles ganz schnell und es wurde ein Kaiserschnitt gemacht. Geburtsminuten, die uns trennen: 49 Minuten

Wer hatte die Nase vorn: Axel

Das weiß nicht jeder: Wir haben beide herausgefunden, dass wir homosexuell sind. Nun gut, eigentlich wussten wir das beide schon länger. Aber es brauchte alles seine Zeit. Erstaunlicherweise sind all unsere Dates überrascht, wenn wir sagen, dass wir einen Zwillingsbruder haben, der auch vom anderen Ufer ist. Für uns eigentlich eher logisch ... schließlich haben wir ja die gleichen Gene.

Geschwister: Wir haben eine Schwester und drei weitere Brüder. Insgesamt sind wir also sechs Kinder.

Ein gemeinsamer Wunsch: Wir spielen mit der Idee, nach unserem Studium eventuell ein gemeinsames Büro aufzumachen.

Stimmt es, dass eineiige Zwillinge identische Fingerabdrücke haben? Zu dieser Frage offenbaren die beiden 24-jährigen eineiigen Zwillingsmänner Axel und Louis interessante Details. Beide müssen sich übrigens nur gegenseitig anschauen, und schon wissen sie, was der andere denkt oder fühlt – das empfinden sie als großes Privileg.

Der Zweitgeborene Louis wird immer wieder danach gefragt, ob er und sein Bruder schon mal dieselbe Freundin gehabt hätten. Diese Frage nimmt er mit Humor und antwortet: „Natürlich nicht!" – Da beide homosexuell sind, eine doppelsinnige Antwort. Aber auch ein gemeinsamer Mann kommt für die beiden Brüder nicht in Frage.

Beide finden Zwillingskinder toll. „Dann weiß man schon mal, dass sie nie alleine sein und immer einen Spielkameraden haben werden", so Louis. Die momentane (politische und gesellschaftliche) Situation macht es homosexuellen Paaren allerdings schwer, sich ernsthaft darüber Gedanken zu machen.

LUISE UND KERSTIN

Alter: 26 Jahre
Eineiig oder zweieiig? Eineiige Zwillinge
Verblüffende Ähnlichkeiten? Im Aussehen, im Kleidungsstil und im Musikgeschmack sehen wir unsere Gemeinsamkeiten und in der beruflichen Laufbahn unsere Unterschiede. Viele unserer Bekannten können uns auch heute noch nicht auseinanderhalten.
Der Auftakt ins Zwillingsleben: Beide kamen wir auf ganz normalem Weg zur Welt.
Geburtsminuten, die uns trennen: 50 Minuten
Wer hatte die Nase vorn: Luise
Das weiß nicht jeder: Wir Zwillinge wurden an unterschiedlichen Tagen geboren.
Geschwister: eine ältere Schwester
Ein gemeinsamer Wunsch: gemeinsame Weltreise
Gibt es zwischen Zwillingen ein geistiges Band, sodass der eine spürt, wenn dem anderen etwas widerfährt? Die eineiigen Zwillingsschwestern Luise und Kerstin aus Mannheim können das bestätigen. Zur geistigen Verbindung zwischen Zwillingen steuern sie diesem Buch eine schöne Geschichte bei.

Die beiden 26-jährigen Zwillingsfrauen empfinden ihr Leben als Zwillingspärchen als einen absoluten Segen.

Auf die Frage, ob ein Mann bei den beiden Zwillingsschwestern ein Mitspracherecht habe, antwortete uns Kerstin: „Unsere Männer haben es nicht immer leicht mit uns. Das letzte Wort bei einer Entscheidungsfindung hat meine Schwester Luise."

GRETA UND MELISSA

Alter: 33 Jahre

Eineiig oder zweieiig? Eineiige Zwillinge

Verblüffende Ähnlichkeiten? Wir sind beide sehr tollpatschig, das heißt, jede von uns stößt versehentlich an Stuhl-/Tischbeine an oder bleibt an den verschiedensten Ecken und Kanten hängen. Aber insgesamt geht es schneller aufzuzählen, worin wir uns unterscheiden: Greta ist kurzhaarig und Melissa langhaarig. ist bereits verheiratet und hat zwei Kinder. Hinsichtlich des Gewichts gibt es geringe Abweichungen. Während eine von uns seit frühester Kindheit davon überzeugt war, Friseurin zu werden, hat sich die andere Schwester nach vielen verschiedenen Berufswünschen (Polizei, Bundeswehr, Gerichtsmedizin) letztendlich für das Büro entschieden.

Und noch etwas: In bestimmten Situationen bleibt beim Schließen des Mundes bei Greta auf der linken Seite der Schneidezahn an der Unterlippe hängen.

Der Auftakt ins Zwillingsleben: Es war eine normale Spontangeburt, jedoch mit einigen Zuschauern (17 Personen) laut Aussage unserer Eltern. Es haben wohl ganz viele Lernschwestern und andere Auszubildende neben Hebamme, Frauenarzt und Kindernotarzt zugeschaut, da eine natürliche Zwillingsgeburt in dem Krankenhaus damals noch eine „kleine Sensation" war.

Die Geburt hat so ca. fünf Stunden gedauert. Für Melissa waren zwei Presswehen notwendig und für Greta vier Presswehen, um auf die Welt zu kommen. Wir kamen zwei Monate zu früh. Beide mussten wir deshalb natürlich in die Kinderklinik und in den Brutkasten. Da Greta sich im Brutkasten die ganzen Schläuche immer wieder selber rauszog, musste sie mit Mullbinden von den Schwestern etwas „gefesselt werden", was im ersten Moment bei unseren Eltern ein kleines Entsetzen auslöste.

Geburtsminuten, die uns trennen: 13 Minuten

Wer hatte die Nase vorn: Melissa

Das weiß nicht jeder: Bei genauerem Hinsehen ist eine kleine Krümmung an der Nase bei Greta zu erkennen. Außerdem schneidet Melissa mit links, sie schreibt und macht alles andere aber mit rechts.

Geschwister: Wir haben einen jüngeren Bruder (28 Jahre) und noch eine jüngere Schwester (21 Jahre)

Ein gemeinsamer Wunsch: Nein, jedenfalls keinen, den wir kennen.

Die beiden eineiigen Zwillingsfrauen Greta und Melissa haben sich bereits in den ersten Schuljahren dagegen gesträubt, immer gleich auszusehen. So steuern sie diesem Buch wunderbare Ideen zur ersten Abgrenzung voneinander bei. Greta war in Kinderjahren die absolute „Chefin", obwohl sie die Zweitgeborene ist. Im Laufe der Zeit hat sich das aber abgeschliffen.

Ob das „Zwillingsdasein" ein Fluch oder Segen ist, ist für die beiden schwer zu entscheiden. „Da wir es nicht anders kennen, können wir es nicht beurteilen. Wir kennen es nur so und sind so auch zufrieden damit", so Greta. „Schön ist, dass wir einige Sachen leichter miteinander bereden können als mit unseren anderen Geschwistern."

LENA UND ISA

Alter: 36 Jahre

Eineiig oder zweieiig? Zweieiige Zwillinge

Verblüffende Ähnlichkeiten? Das größte Unterscheidungsmerkmal sind unsere Haarfarben. Von Natur aus haben wir ein „hübsches" Aschblond. Doch seit mehreren Jahren färbt sich Isa die Haare kupferblond und ich blond. Wir haben es auch schon mal andersherum ausprobiert. Passt aber merkwürdigerweise nicht, obwohl wir uns sehr ähnlich sehen.

Wir haben die gleiche Augenfarbe, Größe, Schuhgröße und sogar den gleichen Beruf. Lena ist schon immer etwas schmaler im Gesicht. Auch Augenform, Mund und Nase unterscheiden sich leicht. Wir werden sehr oft verwechselt von denjenigen, die uns nicht so gut kennen.

Der Auftakt ins Zwillingsleben: Wir sind durch eine natürliche Geburt zur Welt gekommen. Allerdings vier Wochen zu früh. Und dann mussten wir für einige Zeit in den Brutkasten.

Unglaublich, aber wahr: Wir waren beide exakt 42 Zentimeter groß und wogen 1.780 Gramm.

Geburtsminuten, die uns trennen: 20 Minuten

Wer hatte die Nase vorn: Lena

Das weiß nicht jeder: Manchmal kommt es vor, dass wir den gleichen Traum haben und uns zufällig davon erzählen.

Geschwister: Wir haben eine Schwester. Sie ist 9 Jahre älter als wir.

Ein gemeinsamer Wunsch: Gesund und glücklich zu bleiben und die Familie wachsen zu lassen.

Sofort mussten wir an Schneeweißchen und Rosenrot denken, als wir Fotos der 35-jährigen Zwillinge Lena und Isa erhielten: die eine Schwester kupferblond, die andere hellblond. Dennoch findet man bei ihnen nur wenige Unterschiede. Für die beiden Frauen ist es kaum zu glauben, dass sie zweieiig sind. Die größte Gemeinsamkeit sehen die Schwestern im Klang ihres Lachens.

Beide bereichern dieses Buch mit herrlich lustigen Verwechslungsgeschichten und geben uns wundersame Einblicke zur Frage nach dem geistigen Band, das Zwillinge verbindet. Außerdem erklären sie uns, wie schwer es für einen Partner sein kann, mit einer Zwillingsschwester eine Beziehung einzugehen.

DORA UND SABRINA

Alter: 37 Jahre
Eineiig oder zweieiig? Eineiige Zwillinge
Verblüffende Ähnlichkeiten? Wir haben ungefähr dasselbe Gewicht, unsere Augenfarbe ist dunkelbraun und unsere Haarfarbe ist ebenfalls dunkelbraun. Außerdem sind wir beide zielstrebig und haben Familiensinn. Größte Unterschiede gibt es in der Kommunikation und Durchsetzungsfähigkeit. Ansonsten unterscheiden uns nur Kleinigkeiten wie Leberflecke oder Narben im Gesicht.
Der Auftakt ins Zwillingsleben: Wir sind per Spontangeburt im siebten Monat zur Welt gekommen.
Geburtsminuten, die uns trennen: 5 Minuten
Wer hatte die Nase vorn: Dora
Das weiß nicht jeder: Dora: „Durch die Geburt meiner Nichte hat sich meine Schwester auch äußerlich etwas verändert, jedoch ist noch klar zu erkennen, dass wir Zwillinge sind."
Geschwister: nein
Ein gemeinsamer Wunsch: Momentan fällt uns keiner ein.

Dora und Sabrina waren in der achten Klasse in denselben Jungen verliebt. Allerdings haben sich die eineiigen Zwillinge letztlich beide gegen ihn entschieden. Denn Streitereien gibt es bei den Zwillingen nicht. Wenn es um die Partnerwahl der anderen geht, haben beide Schwestern sowieso generell

Mitspracherecht. Sabrina hat seit jeher auf alle Freunde von Dora – auf deren Wunsch hin – einen Blick geworfen. Ein Zwilling will eben nur das Beste für den anderen. Insgesamt folgen sie dem Leitsatz: „Blut ist dicker als Wasser". Ein Blick genügt, und sie wissen genau, was die jeweils andere Schwester sagen will.

Zwischen Dora und Sabrina besteht ein geistiges Band. So können diese beiden Frauen zu diesem Buch lustige Anekdoten über Schülerstreiche und Schwangerschaften beitragen.

ANDREA UND DIANA

Alter: 38 Jahre
Eineiig oder zweieiig? Zweieiige Zwillinge
Verblüffende Ähnlichkeiten? In Augenfarbe, Gesichtsform, Größe, Haarfarbe, Schuhgröße und Berufswahl etc. ähneln wir uns komplett. In wenigen Dingen gibt es Unterschiede. Die Zweitgeborene ist die Ruhigere von uns beiden. Dafür schminkt sich die erstgeborene Schwester mehr.
Der Auftakt ins Zwillingsleben: Wir waren Frühchen. Wir mussten eher geholt werden, weil ein Zwilling dem anderen Sauerstoff genommen hat. Ich glaube, wir sind einen Monat zu früh auf die Welt gekommen.
Geburtsminuten, die uns trennen: 1 Minute
Wer hatte die Nase vorn: Diana
Das weiß nicht jeder: Die Entscheidung darüber, ob die Erstgeborene oder die Zweitgeborene ‚Andrea' heißt, übernahmen bei uns die Krankenschwestern im Krankenhaus.
Geschwister: Wir haben väterlicherseits noch 3 Halbbrüder.
Ein gemeinsamer Wunsch: Nein - bisher nicht.

Die zweieiigen Zwillingsschwestern Andrea und Diana empfinden sich von Grund auf verschieden. Daran ändert auch der Umstand nichts, dass sie nur eine Geburtsminute voneinander getrennt auf die Welt kamen. Allerdings halten sie unheimlich stark zusammen, wenn es darauf ankommt. Dieses Buch bereichern die beiden mit lustigen Anekdoten aus ihrer Schulzeit.

Ihren eigenen Kindern wünscht Andrea keine Zwillinge. Denn Zwillinge müssen immer alles teilen. Dies hat Andrea in ihrer Kindheit selbst „besonders gehasst". Faszinierend finden es die Schwestern aber, dass es immer abwechselnd Abweichungen vom üblichen Körpergewicht gibt. Auch hat mal die eine dickere Haare und dann wieder die andere – aber eben nie zur selben Zeit. „Doch das sind eher Kleinigkeiten, die andere nicht unbedingt merken", so Andrea.

Eine besonders schöne Geschichte erzählen uns die beiden Schwestern über ihre Mutter, für die es nicht immer ein Leichtes war, zwei Kinder auf einen Streich zu haben.

SEBASTIAN UND STEFAN

Alter: 40 Jahre

Eineiig oder zweieiig? Eineiige Zwillinge

Verblüffende Ähnlichkeiten? Wir sind uns schon sehr ähnlich. Stefan hat ein etwas runderes Gesicht. Was unseren Kleidungsstil angeht, haben beide einen ähnlichen Geschmack. Unterschiede gibt es eigentlich nur bei der Farbwahl, da spielen unsere Lieblingsfarben grün bzw. blau bei der Auswahl mit. Wir haben so ziemlich den gleichen Geschmack, was das Essen angeht: Doch Stefan mag keine grünen Gurken, Sebastian verzichtet lieber auf Oliven.

Der Auftakt ins Zwillingsleben: Kaiserschnitt

Geburtsminuten, die uns trennen: 1 Minute

Wer hatte die Nase vorn: Stefan

Das weiß nicht jeder: Manchmal sprechen wir in halben, teils verschluckten Sätzen – diese Sprache können nur wir untereinander verstehen.

Geschwister: Keine

Ein gemeinsamer Wunsch: Endlich die richtigen Lebenspartner finden, mit denen wir glücklich werden. Die auch akzeptieren können, dass wir viel gemeinsam machen und dass unser Band fester ist, als es in einer Beziehung je sein würde.

Die eineiigen Zwillingsbrüder Sebastian und Stefan sind sich insgesamt verdammt ähnlich.

Doch es gibt auch kleine Unterschiede: Der gravierendste zeigt sich wohl in den Charaktereigenschaften dieser beiden Brüder. So ist Stefan etwas dominanter, ausdauernder und ehrgeiziger. Er liebt Technisches. Sebastian hingegen interessiert sich für Künstlerisches. Beide Männer wählten unterschiedliche Berufe – allerdings in derselben Ausbildungsstätte!

Dadurch kam es oftmals zu lustigen Verwechslungen, die in dieses Buch Eingang gefunden haben.

In Stefans und Sebastians Familie kommen Zwillingsgeburten häufiger vor. Meistens, doch nicht immer, werden einige Generationen übersprungen. Sebastian und Stefan haben absolut die gleichen Interessen. Deshalb teilen sie zu neunzig Prozent ihre Freizeit.

OLAF UND FABIAN

Alter: 50 Jahre
Eineiig oder zweieiig? Zweieiige Zwillinge
Verblüffende Ähnlichkeiten? Wir sind charakterlich sehr unterschiedlich und haben keine Gemeinsamkeiten. Auch im Aussehen gibt es keine besonderen Ähnlichkeiten.
Der Auftakt ins Zwillingsleben: Natürliche Geburt
Geburtsminuten, die uns trennen: 83 Minuten
Wer hatte die Nase vorn: Olaf
Das weiß nicht jeder: Unsere Geburt verlief mit Überraschungen. Denn unsere Mutter erwartete nur ein Kind und war auf Zwillinge nicht vorbereitet.
Geschwister: Wir haben eine zwei Jahre ältere Schwester. Es war aber eine stille Geburt und so haben wir sie nie kennengelernt.
Ein gemeinsamer Wunsch: Nein!

Die zweieiigen Zwillinge Olaf und Fabian sehen weder im Charakter noch im Aussehen viele Gemeinsamkeiten. Lediglich im Kleidungsstil bevorzugen beide „casual look". Während Olaf der ruhigere Typ ist, musikalisch und künstlerisch begabt, ist Fabian oft aufbrausend, dafür aber der Maschinen- und Motor-Fan der Familie.

Einer der größten Gegensätze besteht in ihrer Sexualität: Einer ist hetero- und der andere homosexuell. Für das Verhältnis zueinander spielt das allerdings keine Rolle. „Jeder muss selbst sehen, wie er glücklich wird", so Olaf.

Auf die Frage „Zwilling zu sein: Fluch oder Segen?" antwortet uns Olaf: „Weder noch – egal". Denn beide Brüder haben nur sporadischen Kontakt miteinander. Insbesondere zur Namenswahl haben die beiden Zwillinge eine schöne Geschichte zu erzählen. Dazu gab es in der Kindheit ein Zauberwort, das nur sie kannten.

BIRGIT UND REGINA

Alter: 54 Jahre

Eineiig oder zweieiig? Eineiige Zwillinge

Verblüffende Ähnlichkeiten? Wir haben dasselbe Gewicht, unsere Augenfarbe ist blau. Wir haben beide Schuhgröße 43/44. Birgit ist 1,78 Meter groß und Regina ist 1,75 Meter. Birgit hat ein rundlicheres Gesicht als Regina. Von Natur aus wären wir beide inzwischen grau, nehmen aber zum Tönen meistens die gleiche Farbe.

Unsere Lehre machten wir in einem Büro, leider aber nicht in derselben Firma. Wir haben beide in verschiedenen englischen Einrichtungen gearbeitet. Nach einem erfolgreich bestandenen Fernstudium unterrichten wir beide Englisch.

Der Auftakt ins Zwillingsleben: Unsere Geburt verlief normal und ohne Komplikationen.

Geburtsminuten, die uns trennen: 10 Minuten

Wer hatte die Nase vorn: Birgit

Das weiß nicht jeder: Birgit war Regina in der Entwicklungsphase in allen Belangen immer einen Schritt voraus. Regina fing mit allem (Krabbeln, Laufen usw.) sechs Wochen später an.

Geschwister: Unsere drei Brüder sind alle älter: einer elf Monate, einer 13 Jahre und einer 15 Jahre.

Ein gemeinsamer Wunsch: Noch viele, viele, viele schöne gemeinsame Jahre miteinander verbringen und zusammen alt werden.

Nur wenige Unterscheidungskriterien trennen die eineiigen Zwillingsschwestern Birgit und Regina. Auch der Freundeskreis der beiden Schwestern ist absolut identisch. Während aber Regina oft Respekt vor etwas Neuem hat, packt Birgit immer alles direkt beim Schopfe.

Noch bis heute wird gemeinsam gekuschelt und viel gelacht, sie können einfach nicht ohne einander. Und das gestaltet sich noch viel einfacher, seitdem Birgit in einer Einliegerwohnung auf dem Grundstück ihrer Schwester Regina und von deren Mann lebt.

Während sich die Zwillingsfrauen heutzutage nur dann gleich anziehen, wenn sie Leute auf den Arm nehmen wollen, wurden sie in Kindheitstagen von der Mutter oft in identische Kleidung gesteckt.

BIANCA UND MARINA

Alter: 62 Jahre

Eineiig oder zweieiig? Zweieiige Zwillinge

Verblüffende Ähnlichkeiten? Die besonderen Unterscheidungsmerkmale sehen die Zwillinge im Charakter: Marina ist dominant, Bianca fügt sich. Außerdem wird Bianca in der Sonne ganz dunkel, so dass sie im Urlaub in Griechenland bei den Bewohnern als „blonde seltene Rasse" bezeichnet wurde. Marina bleibt hell.

Der Auftakt ins Zwillingsleben: Spontangeburt. Marina kam mit Steißlage auf die Welt, mit den Füßen zuerst. Zehn Minuten später kam Bianca in der üblichen Position.

Geburtsminuten, die uns trennen: 10 Minuten

Wer hatte die Nase vorn: Marina

Das weiß nicht jeder: Wir haben oft gleiche Ideen! Erst im Alter hat sich bei uns einiges geändert. Heute haben wir unterschiedliche Meinungen und unterscheiden uns im Lebensstil.

Geschwister: 1,5 Jahre jüngerer Bruder

Ein gemeinsamer Wunsch: Bis ins Alter die Verbundenheit bewahren!

Stimmt es, dass Zwillingsgeburten oft eine Generation überspringen? Einen wichtigen Beitrag zur Beantwortung dieser Frage leisten die zweieiigen Zwillinge Bianca und Marina. Außerdem erfahren wir etwas darüber, wie es ist, wenn zwei Zwillingsschwestern zwei Brüder heiraten und Doppelhochzeit feiern.

Wenngleich sich beide tadellos verstehen und öfter miteinander verwechselt werden, gibt es Unterschiede zwischen den Schwestern. So fühlt sich Bianca nicht selten als die Schwächere.

Beide Schwestern haben besonders schöne Erinnerungen an ihre Schulzeit. Diese war für sie als Zwillinge, besonders aber für ihre Mitschüler und Lehrer in den 1950er Jahren geradezu sensationell. Aus diesem Grund konnten sich alle Lehrer auch nach vierzig Jahren noch problemlos an das Zwillingspaar erinnern.

DANKSAGUNG

Zusammen mit der Vorstellung der Zwillingspaare, die uns bei der Entstehung dieses kleinen Buchs unterstützten, möchten wir diesen Teil der Einführung für einige dankende Worte nutzen. Es gibt eine Person, ohne die unser Projekt völlig undenkbar gewesen wäre. So widmen wir dieses Buch unserer Mutter Ulla Thiemann. Für uns bist du als Zwillingsmutter nicht nur „die eigentliche Schöpferin dieses Zwillingswunders", sondern unser bestes Stückchen, unsere Beste. Wir lieben dich und sind unendlich froh, dass es dich gibt!

Forciert wurden unsere Pläne für dieses Buch durch die Schwangerschaften mit unseren kleinen Söhnen. Durch sie haben wir viele neue Anregungen und schöne Anekdoten erhalten. Was für ein großes, großes Glück ihr für uns seid.

Unser ganz besonderer und herzlicher Dank gilt darüber hinaus unserer großen Schwester Fränzi, unserem unabkömmlichen „Halbvater" Rudi, unserem wertvollen Wackerstein Christian, unserer kleinen Nichte, unserem Fotokünstler „Mr. Blickfang" Mario Güldenhaupt und unseren Freunden Simone, Bettina, Romy, Sandy, Steffi, Pamela, Michèle, Katrin, Marco, Sabrina und Babsi. Ihr habt uns mit tollen Erzählungen und wertvollen Hinweisen begleitet und unterstützt. Wie schön, dass wir euch haben!

Es trugen jedoch noch andere, sehr wichtige Menschen zur Entstehung dieses Buches bei. In erster Linie möchten wir uns bei Thomas Gottschalk und Else Buschheuer herzlich bedanken.

Ein ganz besonderer Dank gilt außerdem den Wissenschaftlern Dr. Andreas Busjahn, Dr. Helga Neumann, Prof. Dr. Norbert Nedopil, Prof. Dr. med. Dietrich von Schweinitz, sowie dem Zwillingsvater Werner, der Zwillingsmutter Ingrid und unseren Zwillingspaaren, die mit ihren wunderbaren Anekdoten und Erzählungen einen großen Beitrag zu diesem Werk geleistet haben.

Zwillingsmütter – die Schöpferinnen des Wunders

Gleich zwei Mal Mutter werden

Der Reiz am „Phänomen Zwilling" liegt unter anderem darin begründet, dass eine Mutter, entgegen der Norm, mehr als nur ein einzelnes Kind auf die Welt bringt. Doch eine Mehrlingsgeburt sorgt nicht nur bei den Mitmenschen für Erstaunen und Faszination. Für Eltern und insbesondere Mütter kann es auch zu viel Sensation, zu viel Regelwidrigkeit, zu viel Abenteuer sein. Bringt uns zu viel „Kind" möglicherweise an die Grenze des Belastbaren?

Fragen und Ängste wie diese müssen unsere Eltern gehabt haben, als sie die Nachricht über unser doppeltes Dasein erhielten.

Das Geheimnis über unsere Zwillingsankunft enthüllte zuallererst unsere ältere Schwester – und das, obwohl sie seinerzeit den Arztbesuch der Mutter gar nicht hätte begleiten dürfen. Sie war es, die schon beim ersten Ultraschall erkannte, dass es zwei Kinder waren, die sich den Bauch unserer Mama teilten. Nachdem sie unter dem großen Mantel unseres Papas in das Sprechzimmer des Arztes geschmuggelt worden war und der Arzt unseren Eltern am Ultraschallgerät den Herzschlag des Kindes erklärte, sprang sie mit einem Satz aus ihrem Versteck hervor und rief: „Das sind doch zwei!" Der völlig verwirrte Arzt starrte auf den Ultraschall, drehte sich dann zu unseren Eltern um und sagte: „Das Bübchen hat recht". „Doch das ‚Bübchen' war eure Schwester Franziska, die damals sehr kurze Haare trug", erzählte unsere Mutter.

Mit dieser Neuigkeit folgten recht bald die ersten Herausforderungen einer Zwillingsschwangerschaft. So verbrachte unsere Mutter die nächsten Wochen der Schwangerschaft liegend im Krankenhausbett, ihre ungeborenen Kinder hegend und pflegend.

„Denn am Ende des fünften Monats stellten sich die ersten Wehen ein. So musste ich etwa acht Wochen fest am Tropf liegen."

Aus dem anfänglichen Schreck wurde jedoch schnell große Freude – und die wurde noch viel größer, als wir endlich auf der Welt waren. Bis dahin hatte unsere Mama allerdings noch einiges durchzustehen. Nach mehrstündigen Wehen ging es am 21. August 1980 gegen 23 Uhr richtig los. Eine große Sorge unserer Mutter war: Was passiert nur, wenn das eine Kind vor Mitternacht und das andere Kind nach Mitternacht zur Welt kommt?

Dass Zwillinge an zwei verschiedenen Tagen geboren werden, kann passieren. So geschehen bei einem anderen Zwillingspaar: Zum Leidwesen ihrer Eltern kam Luise 50 Minuten vor ihrer Schwester, am 22. November, auf die Welt, Kerstin hingegen erst am 23. November. Was das bedeutet, ist bestimmt allen Lesern klar: Jeder Kindergeburtstag musste getrennt gefeiert werden.

Das galt aber zum Glück nicht für uns, denn diese Sorge nahmen wir unserer Mama: Während Antonia mit 1.700 Gramm und 40 Zentimetern um 0.05 Uhr des 22. August geboren wurde, erblickte Barbara mit 1.200 Gramm und 39 Zentimetern kurz darauf, um 00.10 Uhr, das Licht der Welt.

Als „Schreck" würde Zwillingsmutter Ingrid die Ankündigung ihrer Zwillinge nicht beschreiben.

„Lediglich manchmal Sorge beziehungsweise Bedenken in der Schwangerschaft wegen gesundheitlicher Probleme. Der ‚Schreck' bestand eher aus einem Kommentar des behandelnden Chefarztes der Gynäkologie im Krankenhaus bei einer Routineuntersuchung, beim Ultraschall im fünften Monat: „Der Körper ist lang und dünn und der Kopf klein."

– Panik – sofortiger Termin in einer Universitätsklinik – dort große Heiterkeit und Erläuterung des Ultraschalls:

„‚Kein Wunder, bei Zwillingen ist der Kopf meistens etwas kleiner.' – Sprich, die beiden lagen so hintereinander, dass man die Situation im ursprünglichen Krankenhaus falsch erfasst hatte."

Ihr Dasein als Zwillingsmutter empfand auch Mutter Ingrid immer als Privileg:

„Mit Sicherheit ist es etwas Besonderes, Zwillinge zu haben, zur damaligen Zeit – 1974 – bestimmt noch mehr, als es die Häufung der Mehrlingsgeburten noch nicht in dem Maße gab."

Doch auch heute empfinden manche Zwillingsmamas ihr Dasein als einzigartig. Sabrina, die älteste Freundin unserer großen Schwester, gehört dazu:

„Obwohl es ja inzwischen viel mehr Zwillinge gibt als noch vor zehn oder zwanzig Jahren, ist ein Doppelpäckchen für die meisten immer spannend, und ich bin selten spazieren gegangen, ohne dass mich wildfremde Leute auf meine beiden ansprachen. Vor allem viele ältere Leute haben mich gefragt, wie es sich als Zwillingseltern lebt. Und oft interessierten sich auch Menschen für mich, die selber Zwilling sind."

Babsi, eine liebe Freundin der Familie, wurde im Jahre 2013 mit dem Glück zweier Zwillingsmädchen überrascht. Seither fühlt sie sich von der Gesellschaft anders wahrgenommen:

„Man wird sehr oft von fremden Menschen angesprochen – immer positiv, manchmal bewundernd, manchmal bemitleidend. Obwohl man sich selbst nicht so fühlt, als ob man Mitleid bräuchte. Aber alle wünschen einem viel Glück und alles Gute. Das Verhalten der Umwelt ändert sich aber so ab dem Laufalter. Vielleicht auch, weil wir die Twins dann verschieden angezogen haben und sie vielleicht nicht mehr auf den ersten Blick als Zwillinge wahrgenommen wurden. Insgesamt gibt einem das Umfeld das Gefühl, etwas Besonderes zu sein."

Wer Zwillingsmüttern zuhört, begreift sehr schnell, dass die Abweichung von der Norm nicht nur für die Zwillinge etwas Besonderes ist, sondern vor allem auch für ihre Mütter.

Fragen wir unsere Mutter danach, wie sie die Verbindung zwischen uns sieht, bekommen wir diese Antwort:

„Zwillinge haben eine besondere Beziehung. Es ist unsagbar schön für eine Zwillingsmutter, das zu beobachten. Schlechte Momente gab es nie – früher nicht und heute auch nicht."

Die bewundernden Blicke auf uns Zwillinge gaben unserer Mutter ein stolzes Gefühl:

„Das Schönste jedoch ist, dass die beiden nie allein sind, sie haben immer ihre Schwester. Es freut mich, zu sehen, wie eng die Beziehung zwischen meinen Zwillingen ist."

Schön sind sie, die Worte unserer Mama. Und ganz besonders freuen wir uns, wenn sie feststellt:

„Zwillinge sind mehr als Geschwister, sie sind unzertrennliche Freunde fürs ganze Leben."

Ob Eltern von Zwillingen aber tatsächlich immer zu beneiden sind? Zwei Kinder auf einen Streich – das ist nicht immer ein Kinderspiel. Unsere Mama erzählt uns manchmal:

„Man hat ja nur zwei Hände! Ohne euren Papa und eure Oma wäre es nicht so gut gegangen."

Immer wieder berichten uns Zwillingseltern davon, wie pflegeleicht Zwillingskinder seien. Nach Aussage unserer Mutter, welche nie ein schlechtes Wort über ihre Kinder verlieren würde, waren wir sogar wahre Wunderkinder. Vielleicht aber auch nur typische Zwillinge? Nie gab es Trotzphasen. Weder bei uns noch bei unserer älteren Schwester hätte sie so etwas je erlebt.

Auch die Mutter der 52-jährigen eineiigen Zwillingsschwestern Birgit und Regina schreibt uns, dass es etwas ganz Besonderes sei, Zwillinge großzuziehen. Sie habe diese Herausforderung geliebt:

„Meine Mädchen sind mir in keinster Weise zur Last gefallen, da sie sich wunderbar miteinander beschäftigen konnten."

Kinderglück im Doppelpack stellt also nicht zwangsläufig eine Doppelbelastung dar.

„Wenn ich mit meinen Mädchen im Zwillingswagen spazieren ging, wollten so viele Menschen gucken. Und ich war so stolz!"

SCHATTENSEITEN DES ZWILLINGSMUTTERSEINS

Natürlich sind es vor allem die lustigen Geschichten über Zwillinge, die die Mitmenschen begeistern. Man könnte meinen, Zwillinge seien überhaupt nur dazu da, ihren Familien lustige Verwechslungsgeschichten und heitere Anekdoten zu bieten.

Auch unsere Mutter liebt die Geschichten um ihre Kinder. So erzählt sie uns immer mal wieder die Geschichte vom ersten Zusammentreffen mit unserem „Halbvater", der sich nach dem Tod unseres Vaters rührend um die Familie kümmerte und daher diesen ehrenwerten Namen von uns Zwillingsmädchen erhielt. Mit den äußerst einfühlsamen und mit Humor getränkten Worten „Aus denen wird nie etwas!" beugte er sich damals lachend in den Zwillingswagen und betrachtete die als viel zu winzig empfundenen neuen Erdbewohner, die er zu keiner Zeit auseinanderzuhalten vermochte.

Doch im Leben von Zwillingen gibt es zweifellos auch Strapazen – und zwar nicht nur für sie, sondern vor allem im jüngeren Alter für ihre Mütter. Fangen wir bei den Erzählungen unserer Mutter an:

Schwierig war für sie beispielsweise der Umstand, dass wir alle Krankheiten immer zeitlich verschoben bekamen: Windpocken, Keuchhusten, Mumps ... Kaum eine Kinderkrankheit wurde ausgelassen.

Dagegen berichtete uns eine andere Zwillingsmutter:

„Es gab nur folgende Stresssituationen – erstens gleiche Schuhe für beide zu bekommen, und zweitens, mit beiden auf dem Fahrrad einkaufen zu fahren."

Sabrina, die älteste Freundin unserer großen Schwester, nach den Anstrengungen mit ihren zweieiigen Zwillingen befragt, erzählte uns:

„Ganz verschweigen kann ich natürlich nicht, dass die Logistik mit zwei kleinen Kindern an Bord mich schon vor die eine oder andere Herausforderung gestellt hat. Schon, sich mit diesem fetten Zwillingswagen in einen Bus zu quetschen, ist ein Abenteuer. Aber ich muss sagen, dass die Leute immer freundlich und interessiert reagiert haben."

Die zweieiigen Zwillinge Andrea und Diana aus Berlin ließen uns an einer anderen Beschwerlichkeit ihrer Kindheit teilhaben – zumindest aus mütterlicher Sicht:

„Eine von uns Schwestern ist beim Einkaufen immer abgehauen.“

Das bereitete ihrer alleinerziehenden Mutter oft schlaflose Nächte. Wie sollte sie beide Zwillingsmädchen gleichzeitig im Auge behalten? Aus lauter Verzweiflung kam der einfallsreichen Mutter eine Idee. Sie nahm ihre Kinder nur noch an der Leine mit zum Einkaufen, wurde dabei allerdings nicht selten mit den bösen Blicken ihrer Mitmenschen gestraft.

Aber konnte das tatsächlich schon alles sein?

Und vor allem: Ist das zwillingstypisch?

Von einer immer wiederkehrenden Stresssituation mit Zwillingen weiß die Mutter von Birgit und Regina zu berichten. Denn sie liebte es, ihre beiden Mädchen in der gleichen Kleidung zu sehen. Doch kostete sie diese Vorliebe viele Nerven. Denn wenigstens dreimal in der Woche bekleckerte sich Birgit beim Frühstück mit Kakao. Birgit erzählt uns:

„Ganz ehrlich: Es war keine Absicht.“

Das war für die Zwillingmama jedoch oft eine Strapaze. Denn kurz vor Schulbeginn mussten beide Kinder wieder umgezogen werden.

Man beachte ferner eine andere zwillingstypische Belastung, über die Zwillingsmütter gerne zu schweigen scheinen: Gibt es möglicherweise auch mal Streit unter Zwillingen?

Klar herrscht unter Zwillingen vor allem im Kindesalter eine ausgeprägte Streitkultur, die Konkurrenz ist schließlich groß mit einem gleichaltrigen Gegenüber. Unsere Mutter meint:

„Ist doch natürlich und gesund.“

Bei uns Schwestern hielten und halten diese Streitereien allerdings nie lange an. Und so scheint es auch bei vielen anderen Zwillingen zu sein. Im Austausch mit den Zwillingsmüttern stoßen wir auf ein weiteres interessantes Detail – einen Umstand, den auch unsere Mama gelegentlich an uns bemängelt:

„Man kann sich nie richtig über einen Zwilling ärgern. Immer halten sie zusammen.“

Damit hat sie nicht ganz Unrecht. Insbesondere, wenn ein Streit zwischen uns Schwestern entfacht war. Mischte sich dann die Mutter ein oder ergriff gar Partei für eines ihrer Zwillingskinder, so war es letztendlich unsere arme Mutter, welche die Suppe auslöffeln musste. Und damit steht sie nicht allein, denn viele Zwillingsmütter stimmen anstandslos mit unserer Mama überein.

Auch Ramonas Zwillingsschwester Michaela betont:

„Man kann sich noch so sehr hassen – wenn ein Außenstehender sich ebenfalls über die Schwester aufregt, wird der andere Zwilling, obwohl er in dem Moment wütend ist, seine Schwester verteidigen. Ich glaube, das ist bei Zwillingen nochmal stärker als bei normalen Geschwisterkindern."

Zwillinge halten eben trotz Reiberei oder Wetteiferei auf Biegen und Brechen zusammen, sobald Unbeteiligte ihr heiliges Terrain betreten.

Genau so muss es unserer Meinung nach auch sein. Denn zwischen einen Zwillingsverband passt nicht mal ein Blatt Papier.

ZWILLINGSMÜTTER AUS ALLER WELT

Wie wir gesehen haben, warten auf Zwillingsmütter besondere Herausforderungen, aber auch einzigartig schöne Momente, die dadurch ausgelöst werden, zwei gleichaltrige Kinder zu haben. Immer wieder berichten sie davon, von der Gesellschaft als besonders wahrgenommen zu werden.

Zu Recht, wie wir finden, denn sie sind ja die eigentlichen Schöpferinnen dieses Wunders. Aber begegnen tatsächlich alle Menschen Zwillingsmüttern mit dieser Hochachtung?

Einige Völker betrachteten Mehrlingsmütter schon immer als etwas sehr Besonderes. So sprachen sie diesen Müttern nicht selten wunderliche Kräfte zu.

Fangen wir in der Nähe an: Glauben wir Claudia Eberhard-Metzger, der Autorin des Buches „Stichwort Zwillinge", so besitzen beispielsweise Zwillingsmütter aus Mecklenburg die Gabe des Wahrsagens. Anderes wird über Zwillingsmütter in der Lüneburger Heide behauptet. Diesen Müttern wird noch heute eine besondere medizinische Heilkraft nachgesagt.

Und gehen wir weiter weg: Die Yoruba, ein westafrikanisches Volk in Nigeria, schreiben sowohl den Zwillingskindern als auch der Zwillingsmutter eine besondere Bedeutung zu. Den erstgeborenen Zwilling nennen sie

„Taiwo". Dieser möchte ihrer Meinung nach „den ersten Geschmack der Welt testen", um „Kehinde", dem Zweitgeborenen, zu eröffnen, was er zu erwarten habe. Wegen dieser ausgewogenen Weltsicht eines Zwillingspaares sehen die Yoruba die Doppelwesen als hochgeschätzte Menschen an, die ihren Familien Segen bringen und sie gegen das Böse schützen.

Ein kluges Volk, diese Yoruba! Übrigens: Sie müssen es wissen, denn in dem nigerianischen Volk soll es viermal so viele Zwillingsgeburten wie in Europa geben. Das wird wohl auch der Grund dafür sein, dass die Yoruba eine Art Zwillingsritus entwickelt haben. Aber dazu in einem späteren Kapitel mehr.

Nicht überall hatten es Zwillingsmamis leicht. So wurden die Mütter von Mehrlingen von den Ureinwohnern Südamerikas geschlagen oder sogar umgebracht, weil man sie mit unheilbringenden Himmelsmächten in Verbindung brachte oder ihnen Untreue zuschrieb. Nicht viel besser erging es den Zwillingsmüttern unter den Ainu, den Ureinwohnern auf der Insel Sachalin. Sie wurden aus Angst vor ansteckenden Krankheiten gemieden. Im alten Peru strafte man sogar Mutter und Vater der Zwillingskinder. Sie ließ man so lange hungern, bis eine ihnen in die Kniekehle gelegte Bohne auskeimte. Von ihren Zwillingen hingegen tötete man üblicherweise den zweiten, denn nur der erste Zwilling galt als das legitime Kind des Vaters.

Am schlimmsten jedoch erging es wohl den Müttern von Zwillingen im christlichen Mittelalter. Sie wurden beschuldigt, ein Bündnis mit dem Teufel geschlossen zu haben. Im ausgehenden 15. Jahrhundert verfügte sogar eine königliche Order in Spanien die Verbrennung von Zwillingsmüttern auf dem Scheiterhaufen. (Vgl. Eberhard-Metzger 1998, 7–10) Ein grausiger Schatten, der sich über die traute und liebenswerte Welt von Mehrlingen zieht.

Nein danke, da sind uns die Yoruba mit ihrer Zwillingsverehrung schon wesentlich lieber.

Physiologisches und Wunderbares

Die Entstehung von (eineiigen) Zwillingen

Eine der Fragen, die uns immer wieder begegnet, ist die nach der Entstehung von eineiigen Zwillingen. Um diese Frage beantworten zu können, ist es unumgänglich, sich zunächst mit der Entstehung menschlichen Lebens überhaupt und danach mit der Entwicklung von Zwillingen zu beschäftigen.

Bevor die Biologie Zwillingsgeburten zu erklären vermochte, so lesen wir im Buch „Stichwort Zwillinge", existierten bizarre Annahmen über die Geburt von Zwillingen. Bei einigen südamerikanischen Indianerstämmen glaubte man, eine Zwillingsgeburt würde während der Geburtswehen einer Mutter entschieden. So teile sich das Kind, nach Meinung der Indianer, wenn die Mutter während der Wehen auf dem Rücken liege.

Die Schotten hingegen sahen über Jahrhunderte hinweg das Wasser eines Brunnens als Auslöser für Mehrlingsgeburten.

Am skurrilsten mag man jedoch die Erklärung finden, die lange Zeit in Südkorea galt: Die Menschen betrachteten den Verzehr zweier zusammengewachsener Bananen als Ursache für eine Zwillingsgeburt.

Die meisten Behauptungen über die Entstehung gingen früher allerdings dahin, dass die Geburt von Mehrlingen in direktem Zusammenhang mit einem Schock oder einer Katastrophe stehen müsse. (Vgl. Eberhard-Metzger 1998, 13) Anders konnten sich die Menschen diese Laune der Natur einfach nicht erklären.

Doch all diese Ansichten sollen keineswegs der Lächerlichkeit ausgesetzt werden. Denn auch wenn heutzutage vieles naturwissenschaftlich belegbar ist, ist noch nicht restlos geklärt, wie es zur Entstehung eineiiger Zwillinge kommt. Unumstritten ist nur eines: Es gibt zwei Arten von Zwillingen, eineiige und zweieiige – monozygote und dizygote, wie die Wissenschaft sagt.

Dieses Phänomen ergründete erstmals der Zwillingsforscher Hermann Werner Siemens, verrät uns der Experte Andreas Busjahn. Eineiige

Zwillinge sind häufig ununterscheidbar. Hingegen gleichen sich zweieiige oft nicht mehr als „normale" Geschwister.

Doch fangen wir mit diesem erstaunlichen Phänomen in der Fortpflanzung des Menschen von vorn an. Ein Menschlein entsteht, wenn es zu einer Verschmelzung der Erbanlagen von Mutter und Vater kommt. Dies allerdings erst, wenn sich das Spermium des Vaters in der Eizelle der Mutter befindet. Hier verbinden die sogenannten Zentralkörperchen die väterliche DNA im Kopf der Samenzelle und die DNA der Mutter im Kern der Eizelle. Erst jetzt entsteht neues Leben.

Der Verlauf der ersten Stunden einer Schwangerschaft ist bei einem „Single-Kind" unanfechtbar. Frau Dr. Neumann erläutert: Während das befruchtete Ei vom Eileiter zur Gebärmutter wandert, vollzieht es bis zum zweiten Tag bereits zwei Zellteilungen. Das Faszinierende dabei: Es werden die vollen Erbanlagen im Zellkern kopiert. Dieser besteht jetzt folgerichtig aus vier Zellen – Neumann spricht von einem 4-Zell-Stadium. Doch es geht noch weiter: Von nun an verdoppeln sich diese Zellen alle 12 bis 36 Stunden. Aus der ursprünglichen Eizelle entwickelt sich bis zum fünften Schwangerschaftstag eine sogenannte Blastozyste. *„Der Laie spricht allerdings von einem Spross oder Keimbläschen"*, erklärt uns die Gynäkologin. Etwa am sechsten Tag passiere nochmals etwas Wesentliches: *„Der kleine Spross gleitet durch die Eihülle und erobert für die folgenden 39 Wochen einen Platz an der Innenwand der Gebärmutter. Und dort entwickelt sich während dieser entscheidenden Wochen das Baby."*

Im Falle einer Zwillingsschwangerschaft gibt es allerdings eine Abweichung – und diese kommt laut Zwillingsforscher Busjahn bei jeder 250. Schwangerschaft vor: Die Eizelle teilt sich hier innerhalb der ersten zwei Wochen nach der Empfängnis in zwei alleinstehende Hälften, die in der Erbanlage völlig deckungsgleich sind. Folgerichtig wachsen jetzt im weiteren Verlauf der Schwangerschaft eineiige Zwillinge heran.

Warum dies passiert, hat die Medizin bis heute nicht gänzlich klären können. Nach Aussage der Zwillingsforscher deutet einiges darauf hin, dass das an einer altersbedingten Veränderung der Eizelle liegt. So sind die Eizellen jüngerer Frauen möglicherweise widerstandsfähiger und weniger anfällig für eine Teilung als die Eizellen älterer Frauen. Dr. Andreas Busjahn erzählt:

„Eine für mich plausible Hypothese geht von einer genetischen Veränderung in einer der ersten embryonalen Zellen aus. Diese und aus ihr abstammende Zellen werden

dann als ,fremd‘ erkannt und abgestoßen. Mechanische Reize können nachweislich zu einer Störung der frühen embryonalen Entwicklung und zu einer Aufspaltung führen. Ob aber Aktivitäten wie etwa Reiten in der sehr frühen Schwangerschaft zu Zwillingen führen, ist nicht erwiesen. Eine weitere Hypothese bezieht sich auf die Kugelform des frühen Embryos. Wenn diese Form zusammenbricht, kann die Neustrukturierung zu einer Teilung führen. "

Wie bereits erwähnt, kann uns die Wissenschaft noch keine unumstrittenen Erkenntnisse liefern.

Ebenso bleibt die Frage, wie es zur Entstehung zweieiiger Zwillinge kommt, teilweise ungeklärt. Laut dem Berliner Zwillingsforscher Busjahn gibt es auch hierzu nur Vermutungen. So spielt möglicherweise die Häufigkeit des Geschlechtsverkehrs eine Rolle. Auch die ethnische Herkunft einer Mutter könnte ein Kriterium sein: Bei Nigerianerinnen und weißen Amerikanerinnen beispielsweise sind mehr Zwillingsgeburten zu beobachten als bei asiatischen Frauen. Außerdem sieht der Zwillingsspezialist eine Relation zwischen dem Alter der Mutter und der Wahrscheinlichkeit für eine zweieiige Zwillingsgeburt. Ihm zufolge verdreifacht sich die Wahrscheinlichkeit für zweieiige Zwillinge zwischen dem 20. und dem 35. Lebensjahr. *„Ob diese Zunahme auf eine nachlassende Regulation des Eisprungs oder eher auf eine evolutionär gewollte Vergrößerung der Wahrscheinlichkeit einer Schwangerschaft zurückzuführen ist, ist unbekannt. "*

Was aber genau passiert bei zweieiigen Zwillingsschwangerschaften? Auch dazu befragten wir Dr. Busjahn: *„Es kann – wenn auch nur sehr, sehr selten – zu einem Eisprung im ersten Monat der Schwangerschaft kommen. Wird auch die zweite Eizelle befruchtet, so haben wir zweieiige Zwillinge, die eigentlich unterschiedlich alt sind. "*

Für viel wahrscheinlicher hält er eine andere Erklärung, welche die meisten zweieiigen Zwillingsschwangerschaften begründen könnte: *„Während üblicherweise nur jeweils eine Eizelle pro Monat reift, können es spontan oder durch hormonelle Stimulation auch zwei oder mehr sein. Somit ist auch die gleichzeitige Befruchtung von mehreren Eizellen möglich. Das gleiche Prinzip greift übrigens bei Reproduktionsbehandlungen, bei denen mehr als eine Eizelle in den Körper der Mutter transferiert wird. "*

Mit anderen Worten: In diesem Falle wird eine Mutter nicht nur einmal, sondern gleich zweimal am selben Tag schwanger.

Als Zwilling ebenfalls Zwillinge bekommen?

Uns Schwestern wird immer wieder die Frage gestellt, ob Zwillinge selbst wieder Zwillinge gebären können. Gemeint ist natürlich nicht, ob, sondern ob häufiger als andere Menschen. Deshalb wird meistens auch gleich noch nach der Häufigkeit von Zwillingsgeburten innerhalb der Familie gefragt.

In unserer Familie gibt es bereits einige Zwillingspaare – doch daraus eine Regel abzuleiten, wäre sicherlich sehr gewagt. Wir fragen erst einmal andere Zwillinge. So erfahren wir von Marinas zweieiiger Zwillingsschwester Bianca:

> *„In unserer Familie sind nicht nur wir zu zweit. Eine Cousine von uns hat zwei eineiige Jungen. Unsere andere Cousine hat hingegen ein zweieiiges Pärchen."*

Und auch Reginas Zwillingsschwester Birgit erzählt uns:

> *„Bei unseren Schwiegereltern in England ist es so, dass unser inzwischen verstorbener Schwiegervater ein Zwilling war. Unsere Schwiegereltern bekamen selbst zweimal Zwillinge. Deren ältester Sohn, ein Einling, ist wiederum Vater von eineiigen Zwillingen."*

Welch eine faszinierende Zwillingsflut! Am schönsten finden wir jedoch die familiäre Zwillingshäufung bei Ramona und Michaela:

> *„Unsere kleinen Geschwister sind auf den Tag genau 11 Jahre jünger als wir und auch Zwillinge."*

So haben die vier Geschwister an einem Tag Geburtstag. Diese Zwillingsmehrung liegt laut diesen Zwillingsschwestern allerdings bei der Mutter begründet:

> *„Wir haben verschiedene Väter. Da muss dies also ganz an unserer Mama liegen."*

Es scheint also keine Seltenheit zu sein, dass sich in manchen Familien die Zwillingsgeburten häufen. Auch in der wissenschaftlichen Literatur finden sich solche Fälle. Setzen wir solchen Kinderreichtum in Relation zur Tierwelt, hält unser Erstaunen allerdings nicht lange an. Ist es bei uns Menschen eine Abweichung von der Norm, wenn eine Frau mehrere Kinder auf einmal auf die Welt bringt, so scheint dies in der Tierwelt genau andersherum zu sein. Hier stellen Einzelgeburten bei vielen Arten eher einen Sonderfall dar. Vielleicht nicht bei Pferden, auch nicht bei Schimpansen, aber ganz sicher bei Katzen, Hunden oder gar Mäusen.

Eineiige Zwillinge gibt es in der Natur allerdings sehr selten. Auf das Zwillingsthema angesprochen unterrichtet uns der Tierpfleger Thomas während unseres letzten Tierparkbesuches über eine Zwillingsansammlung bei den Krallenaffen. Diese brächten fast immer Zwillinge zur Welt. Beim Neunbinden-Gürteltier seien es fortwährend Vierlinge.

Doch wie oft kommen Zwillingsgeburten bei Menschen überhaupt vor? Aus der nachstehenden Grafik ist Folgendes ablesbar: Von 1.000 Frauen, die im Jahr 1950 ein Kind geboren haben, hatten fast 12 Prozent eine Mehrlingsgeburt, davon überwiegend Zwillinge. Nur wenige Drillinge wurden geboren. Seit den späten 1970er Jahren steigt die Zahl der Mehrlingsgeburten stetig an. Eine Begründung dafür sieht Frau Dr. Neumann in der zunehmenden Anzahl von künstlichen Befruchtungen. Und dieser Trend setzt sich fort. Im Jahre 2014 wurden von 1.000 Frauen fast 20 Prozent der Eltern mit Mehrlingen überrascht, es gibt dabei immer mehr höhergradige Mehrlinge wie Drillinge oder Vierlinge.

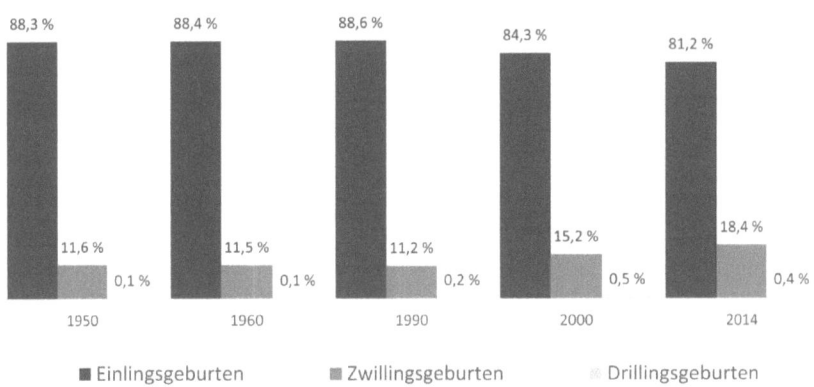

© Statistisches Bundesamt, Wiesbaden 2017, eigene Darstellung
Das Statistische Bundesamt (DESTATIS) veröffentlicht im Rahmen der Statistik der Geburten, Ergebnisse zu Mehrlingsgeburten, u.a. mit Angaben von Zwillingsgeburten. Grafik zu Daten von 1950 bis 2014: „Mehrlingsgeburten und Mehrlingskinder" in Deutschland. (S. 79).

So informativ die Einblicke in diese Statistik auch sein mögen, noch immer stellt sich, zumindest für die nicht durch reproduktionsmedizinische Maßnahmen bedingten Zwillingsschwangerschaften, eine weitere Frage: Wer vererbt denn jetzt die Tendenz zu Mehrlingsgeburten, die Mutter oder der Vater? Dr. Busjahn erläutert:

> *„Es gibt einige Merkmale, bei denen eher die väterlichen oder die mütterlichen Gene aktiviert werden. Bezogen auf die Veranlagung zu zweieiigen Zwillingsschwangerschaften können beide Eltern dies weitergeben, aber nur bei Töchtern wird diese Veranlagung über einen mehrfachen Eisprung auch wirksam. Die Behauptung, dass natürliche Zwillingsschwangerschaften gehäuft in einer Familie auftreten, ist also nur teilweise korrekt. Dieser Mythos hängt vermutlich damit zusammen, dass eine genetische Veranlagung für zweieiige Zwillingsgeburten nur bei weiblichen Zwillingen auch zu Zwillingen führen kann, Männer können diese Veranlagung aber an ihre Töchter vererben, die dann wieder Zwillinge bekommen können.“*

Anders ausgedrückt heißt das, dass die Söhne einer Mutter mit der Anlage zu Zwillingsgeburten nicht unbedingt häufiger als andere Männer Zwillinge bekommen. Bei den Töchtern dieser Söhne verhält es sich allerdings anders – hier ist tatsächlich eine Zwillingshäufung zu beobachten. Mit dieser Gewissheit schließen wir das Kapitel über „traumhafte Zwillingsvermehrungen“ und widmen uns im Folgenden der Frage: Welche Besonderheit birgt überhaupt so eine „doppelte Schwangerschaft“?

Doppelt schwanger

Zu Beginn dieses Buches haben wir gelernt, dass die neugierigen Blicke außenstehender Menschen meist in interessanten Gesprächen und Fragen über Zwillinge münden. Doch es gibt Fragen, die richten sich nicht an die Zwillinge selbst. Einige Antworten sollen von erfahrenen Zwillingseltern gegeben werden.

Welche Besonderheiten kennzeichnen eine Zwillingsschwangerschaft? Ist die Geburt von Zwillingen beschwerlicher als die eines einzelnen Kindes? Und was geschieht, wenn einer der Zwillinge nicht gesund ist?

Fragen und Ängste wie diese sind bei werdenden Zwillingseltern weit verbreitet.

Zu den Besonderheiten einer „doppelten Schwangerschaft" befragt, erzählt uns unsere Mutter:

„Bis zum fünften Monat vergrößerte sich mein Bauch enorm und ich sagte zu meinem Gynäkologen mehr aus Spaß: ‚Ich glaube, ich bekomme Drillinge.'"

Es machte sich also recht bald ein Platzmangel im Bauch unserer werdenden Zwillingsmutter bemerkbar. Durch diese Enge im Bauch hat unsere Mutter, im Gegensatz zur Schwangerschaft mit unserer älteren Schwester, unsere Bewegungen bereits recht früh wahrgenommen. Das wiederum weniger intensiv als bei unserer älteren Schwester.

„Für mehr als ein Kind stellt das zur Verfügung gestellte Platz- und Nahrungsangebot der Mutter natürlich eine Herausforderung dar", erklärt uns Gynäkologin Neumann. *„Diese ‚natürliche Konkurrenz' der Zwillinge um Nahrung und Sauerstoff von der Mutter macht sich etwa ab dem fünften oder sechsten Schwangerschaftsmonat bemerkbar."*

Besonders reifere Mütter stellen in dieser besonderen Situation Fragen zu Erkrankungen oder gar Behinderungen ihrer Zwillinge. Frau Dr. Neumann weiß: *„Die nötigen Vorsorgeuntersuchungen zu möglichen Krankheiten der Kinder werden in einer Zwillingsschwangerschaft genauso vollzogen. Auch stellt es heutzutage keine Herausforderung mehr dar, beide Embryonen separat voneinander zu untersuchen."* Wie schwer die Entscheidung über den Fortgang der Schwangerschaft und das Leben eines Kindes für Eltern ist, die bei diesen Untersuchungen herausfinden, dass eines oder gar beide Kinder krank sind, muss keine Erwähnung finden. *„Auch wenn es, im Falle eines erkrankten Embryos, die Möglichkeit der selektiven Tötung gibt, muss der tote Embryo jedoch im Verlauf der verbleibenden Schwangerschaft im Bauch der Mutter verweilen. Die Gefahr einer Fehlgeburt des gesunden Kindes wäre einfach zu groß."*

Aber gehen wir davon aus, dass eine Zwillingsschwangerschaft ohne Komplikationen verläuft. Im Normalverlauf einer Zwillingsschwangerschaft ist es den Zwillingen ab der 30. Schwangerschaftswoche kaum noch möglich, die Position noch einmal zu verändern. Verständlich, bedenken wir den Platzmangel im Bauch der Mutter.

Üblicherweise verteilen sich die beiden Zwillingskinder in dieser Zeit auf die linke und auf die rechte Hälfte der Gebärmutter. Doch können Zwillinge bei Geburtsbeginn eine so ungünstige Position in der Gebärmutter einnehmen, dass sie entweder beide, in manchen Fällen auch nur das zweite Kind, per Kaiserschnitt zur Welt kommen. Bei ungefähr 50 Prozent aller Zwillingsgeburten befindet sich wenigstens ein Zwilling in der Steißlage. Das macht die Geburt zwar schwieriger, insgesamt gibt es aber viele Zwillingsmütter, die eine Zwillingsgeburt als weniger beschwerlich empfinden.

Was wohl daher rührt, dass Zwillinge meist früher und damit kleiner zur Welt kommen. *„Denn auch wenn vielen Zwillingsmüttern die Schwangerschaft durch das enorme Gewicht beider Kinder, die frühen Einschränkungen in der Schwangerschaft und die zeitige Wahrnehmung der Kinder im Mutterleib oft sehr lang vorkommt, dauert eine Zwillingsschwangerschaft im Schnitt nur 37 Wochen",* so Dr. Neumann.

Die Schwangerschaft mit uns allerdings nicht, denn wir wurden im siebenten Schwangerschaftsmonat geboren. Nachdem unsere Mutter am Ende des fünften Monats mit Frühwehen ins Krankenhaus eingeliefert worden war, bereiteten sich die Ärzte und Schwestern auf die möglichen Herausforderungen nach unserer Geburt vor.

Eine frühzeitige Geburt bedeutet oft eine besondere Fürsorge. So auch bei uns. *„Ihr beide kamt auf die Frühchenstation und sofort in den Inkubator",* erfahren wir aus den Erzählungen unserer Mutter. *„Während Antonia die ersten sechs Wochen in einem Brutkasten im Krankenhaus verbrachte, war es bei Barbara sogar ein Vierteljahr."*

Das führte während der kommenden Jahre zu Einschränkungen: *„Meine Zwillingsmädchen waren viel krank, sie litten vor allem unter dem sogenannten Pseudokrupp. Es gab viele Ängste, viele Arztbesuche."* Ab dem sechsten Lebensjahr war das Schlimmste allerdings überwunden und es wendete sich trotz des holprigen Anfangs alles zum Guten.

Dass ein Frühstart mit Zwillingen nicht immer so glimpflich verläuft, verdeutlicht die Geschichte von Ingrid. Für die Mutter eines kleinen Jungen folgten ihre Zwillingsmädchen eineinhalb Jahre später im Jahre 1974. Die Schwangerschaft verlief ohne Komplikationen:

„Körperlich gab es keinen Unterschied zur ersten Schwangerschaft mit meinem Sohn – lediglich viel Stress mit Beruf – Vollzeitstelle als Lehrerin einer Grundschulklasse. Gottseidank gab es eine sehr nette, patente junge Nachbarin im gleichen Haus (Mutter von drei schulpflichtigen Kindern), die meinen Sohn als Tagesmutter bis mittags betreut hat. Auch die Gewichtszunahme war mit den Zwillingen eher geringer als vorher bei meinem Sohn, ich konnte am Ende des vierten Monats noch einen Bikini anziehen! Ich war bei beiden Schwangerschaften immer in Bestform."

Die ersten Herausforderungen mit Zwillingen bemerkte Ingrid erst kurz vor der Geburt:

„Bei einer Routineuntersuchung sechs Wochen vor dem errechneten Termin wurde mir gesagt: ‚Kommen Sie in vier Wochen wieder, alles bestens.‘ Auf meinen Einwand ‚Aber es sind doch Zwillinge!‘ korrigierte man sich: ‚Na, dann kommen Sie halt in 14 Tagen!‘ Das war ein Freitag. Am Dienstagvormittag der folgenden Woche Wehen, Versuch im Krankenhaus mit wehenhemmenden Medikamenten, die Geburt zu verhindern, ab 16 Uhr doch umschwenken auf Geburt, um 17 Uhr innerhalb von zwei Minuten beide Mädchen geboren, allerdings mit einem Geburtsgewicht von nur 1.250 g und 1.500 g.“

Durch das geringe Gewicht ihrer Zwillingsmädchen stellten sich nach der Entbindung Schwierigkeiten ein, mit denen die Zwillingsmutter nicht gerechnet hatte. Beide Kinder haben gesundheitliche Spätfolgen. Wen wundert es also, dass uns diese Mutter auf die Frage nach dem Umgang mit den möglichen Herausforderungen mit Zwillingen schreibt:

„Funktionieren, funktionieren ... organisieren, keine Zeit zum Grübeln oder Hadern.“

Unsere eigene Mutter meinte zu dieser schicksalhaften Geschichte:

„Eine glückliche Fügung stellte sicherlich bei uns die Gegebenheit dar, dass die Chefärztin der Frühchenstation im Krankenhaus ebenfalls eine Mutter von Zwillingen war. Sie hat meine Zwillinge und mich hervorragend versorgt. Das muss ich auch von all den anderen pflegenden Personen sagen, den Ärzten, Hebammen und Schwestern. Ich glaube nicht, dass meine Zwillingsmädchen so hätten gedeihen können, einen solchen Start ins Leben gehabt hätten, wenn nicht diese Menschen an meiner Seite gewesen wären. Aus vielen anderen Erzählungen von Geburten in anderen Kliniken haben wir anderes erfahren. Ich bin noch heute allen Ärzten, Schwestern und Hebammen dankbar.“

Grundsätzlich möchte die Medizinerin Dr. Neumann aber allen Zwillingsmüttern Mut zusprechen und sagt: *„Während meiner langjährigen Zeit als Gynäkologin erblickten Zwillinge meist völlig gesund, oft auf natürlichem Weg und ohne große Komplikationen, das Licht der Welt.“* So wie die meisten der von uns befragten Zwillinge.

Vor vielen Jahren erzählte uns ein interessierter Zwillingsfreund, dass manche Forschungen davon ausgehen, in der Schwangerschaft würden gleichzeitig die Grundlagen der Persönlichkeit gelegt und es würde sich die Identität entwickeln. So haben spätere Verhaltensweisen möglicherweise pränatale Ursachen und sind auf Erinnerungen im Mutterleib zurückzuführen. Das mache sich unter Umständen auch bei Mehrlingen bemerkbar.

„Schon während der Schwangerschaft treten die Zwillinge durch den geringen Platzmangel im Bauch der Mutter viel miteinander in Kontakt, nehmen verstärkt Sinnesreize und die Nähe des Zwillingspartners wahr. So erhalten Kinder schon sehr früh ein Gefühl der Zweisamkeit", meint Frau Dr. Neumann. Dass sich das auch auf das spätere Wohlbefinden der Zwillinge auswirkt, kann die Gynäkologin nicht vollends bejahen. *„Vermutlich zeigen sich diese Empfindungen bei jedem Zwilling anders. Während der eine Zwilling sich wohlfühlt, sobald er bei seinem Geschwisterkind ist, fühlt sich ein anderer möglicherweise eingeengt."*

Zu den Besonderheiten einer doppelten Schwangerschaft haben wir auch Sabrina, die beste Freundin unserer älteren Schwester, nach ihren Empfindungen befragt:

„Eine Zwillingsschwangerschaft ist schon um einiges komplizierter als eine Einzelkindschwangerschaft, aber das hat sich bei uns durch einen Herzfehler des einen Kindes, der im dritten Schwangerschaftsmonat entdeckt wurde, noch mal extrem verschärft. Um solch ein Pärchen im Bauch muss man schon ziemlich bangen. Meine Ärztin hat mir als Erstes, nachdem sie die beiden Föten per Ultraschallbild erkannt hat, empfohlen, dass wir uns an den Gedanken, Zwillinge zu bekommen, noch nicht gewöhnen sollen, da bei einem Drittel der Zwillingsschwangerschaften nur ein Kind durchkommt. Als dann auch noch der Herzfehler dazukam, hatten wir keine gute Prognose. Ich musste wahnsinnig viel liegen, um eine Frühgeburt zu vermeiden, da mein kranker Sohn unbedingt ein Mindestgewicht auf die Waage bringen musste, um die nach der Geburt anstehende OP zu schaffen. Leider haben Zwillinge ja den Hang, etwas zu früh auf die Welt kommen zu wollen – vermutlich ist es einfach zu eng. Das Gewicht, welches man dann ab dem sechsten bis siebten Schwangerschaftsmonat mit sich herumschleppt, ist schon irre, aber man gewöhnt sich auch daran, und so lang ist die Phase dann ja auch nicht!"

Das Gewicht ist überhaupt ein wichtiges Thema. Bei vielen Zwillingen ist einer kräftiger als der andere. Auch bei uns war es so, dass der eine Zwilling ein niedrigeres Geburtsgewicht als der andere Zwilling aufwies. So bitten wir Frau Dr. Neumann um eine Begründung dafür. Wir erfahren, dass wir womöglich von nur einer Plazenta ernährt wurden. Sicher sei das allerdings nicht, denn es konnte noch andere Ursachen für einen großen Gewichtsunterschied geben. *„Die unzureichende Versorgung des einen Kindes kann auch damit in Zusammenhang stehen, dass sich zwei einzelne Plazentas direkt beieinander befanden oder an einer schlecht durchbluteten Stelle der Gebärmutter positioniert waren."* Eine Dysbalance in der Blutzufuhr kann im tragischsten Fall sogar zu einem Verlust des schwächeren Kindes führen.

Aus Gesprächen mit zukünftigen Zwillingseltern wissen wir von einer anfänglichen Furcht vor der Herausforderung „24-Stunden-Babys im Doppelpack". Diese Angst möchte Zwillingsmutter Ingrid solchen Eltern nehmen:

„Genauso schnell wie die Strapazen der Schwangerschaft mit der Geburt vergessen sind, so schnell vergisst man auch die harten Anfangsmonate, in denen man die Kinder rund um die Uhr (mit maximal vier Stunden Nachtruhe) versorgen muss, weil sie sich relativ schnell mit sich selbst beschäftigen."

Zwilling sein – Fluch oder Segen?

Aber nein, Sie verwechseln mich!

In einer der vielen E-Mails, die uns nach unserem Fernsehauftritt erreichten, fragte uns ein Herr aus Ludwigsburg, wie das Leben als Zwilling denn so sei. Ob es auch Nachteile im Leben eines Zwillingspaars gebe. Und überhaupt: Ob es Fluch oder Segen sei, ein Zwilling zu sein.

Diese Fragen sind für Zwillinge natürlich nicht einfach zu beantworten. Handelt es sich in unserem Leben doch um das Normalste der Welt. Nur für Außenstehende ist es etwas Außergewöhnliches.

Genauso sehen es die eineiigen Zwillinge Greta und Melissa:

„Wir kennen es nur so und sind so auch zufrieden damit."

Dem stimmen auch Ramona und ihre eineiige Schwester Michaela zu:

„Es ist einfach etwas ganz Normales."

Ja, es ist etwas Normales. Aber trotz dieser vertrauten Normalität tragen wir Schwestern in jedem Moment das Bewusstsein in uns, dass es ein großes Geschenk, ein Segen ist, einen Zwilling an der Seite zu haben. Ob Glücksmomente oder Niederlagen – jeder Augenblick wird zusammen empfunden, geteilt und gemeinsam erlebt. Man fühlt sich verstanden, behütet und geachtet. Das Vertrauen und die Liebe sind grenzenlos. Ein Leben lang – und vielleicht sogar darüber hinaus.

Die Gefühle gleichen reinster Poesie. Und diese Poesie verewigten „die Zwillies" Anne Sophie und Marie Luise sogar in einem Song. Die damals vierzehnjährigen Mädchen beschreiben ihr Zwillingsdasein als „freundschaftliche", vertrauenswürdige Einheit, in der man immer füreinander da ist und zueinandersteht, sich durch den anderen Zwilling gestärkt und geborgen fühlt. Im Refrain des Liedes „Zusammen sind wir stark (Just because of you)" finden sich die Zeilen: „*Es vergeht kein Tag ohne Spaß und Vertrauen. Zusammen sind wir stark. Eine glaubt an die andere. Wir sind nie allein, so wird es immer sein.*" (Kico Media, 2006) Dieser Text bringt die Vertrautheit zwischen Zwillingen sehr schön auf den Punkt.

Manchmal rüttelt aber die Außenwelt an dieser schönen Gemeinschaft: Eine der irritierendsten Vorstellungen unserer Mitmenschen begegnete uns bereits in frühen Jahren. So war es Antonia, die mädchenhafte Kleidung bevorzugte. Die schönsten Farben und Muster durften es sein. Des einen Freud ist jedoch des anderen Leid, denn Barbara mochte sportliche Outfits lieber. Da musste es nicht immer das Sonntagskleidchen sein. Doch mit dem Wissen darüber machten es uns viele Menschen außerhalb der Familie nicht immer leicht. Denn ähnlich einer Partnerschaft wurde dem einen Zwilling die Mädchenrolle und dem anderen Zwilling die Bübchenrolle angeheftet. Dabei konnte von einem „echten" Bübchen keine Rede sein. Hier gab es also den einen oder anderen Moment, der es uns nicht immer leicht machte.

Stärkend empfinden auch die Zwillingsschwestern Lena und Isa ihr Zwillingsleben. Denn auf die Frage „Zwilling zu sein: Fluch oder Segen?" antworten die zweieiigen Schwestern mit nur einem Satz:

„*Wir lieben es, Zwillinge zu sein.*"

Und die eineiigen Schwestern Dora und Sabrina sehen das Zwillingsleben ebenfalls als großen Gewinn an:

„*Man sucht es sich zwar nicht aus, Zwilling zu sein, trotzdem wird man immer etwas Besonderes in den Augen anderer sein.*"

Gelegentlich vergessen die Schwestern ihre äußerliche Ähnlichkeit, doch werden sie in solchen Momenten von Menschen auf der Straße daran erinnert. „*Also muss es etwas Besonderes sein*", meinen die beiden.

Als problematisch empfinden es Dora und Sabrina hingegen, dass sie gelegentlich von der Umwelt nicht als Individuen wahrgenommen werden. Dazu schreibt uns die Erstgeborene Dora:

„*Vergleichen kann positiv sein, nur bei mir war es oft nicht so schön. Schulisch waren wir immer gleich, aber meine Schwester ist beispielsweise verheiratet und bekommt gerade das zweite Kind. Und dazu hat sie ein Haus gekauft. Ich habe nichts von alledem, bin beruflich engagiert, habe bei der Männerwahl aber meist ins Klo gefasst, sodass es sich nicht ergeben hat. Ich wünsche mir das natürlich auch, kann aber nicht zaubern. Das muss man den Leuten erst mal klarmachen, dass im Leben nicht immer alles gleichläuft, auch bei Zwillingen nicht."*

Die ständigen Vergleiche zwischen ihnen bemängeln auch die eineiigen Zwillingsbrüder Sebastian und Stefan. Jeder der beiden habe eben seine Stärken und Schwächen. Aber dieses Vergleichen *„hat auch seinen Vorteil"* – denn es kann zum Ansporn für den werden, der auf irgendeinem Feld der Schwächere ist.

„Einen Zwilling zu haben ist für uns das Größte", schrieben uns die eineiigen Schwestern Birgit und Regina. Zu Geburtstagen versichern sie sich gegenseitig, das schönste und wertvollste Geschenk für den jeweils anderen zu sein. Das macht für beide Schwestern den wirklichen Reichtum ihres Lebens aus.

„Es ist egal, was kommt, wir werden uns ohne Streitigkeiten immer einig."

Nicht nur im Doppelpack

Vom Segen des Daseins als Zwilling erzählen auch die Brüder Louis und Axel.

„Schließlich ist immer jemand da, wenn man jemanden braucht."

Louis merkt allerdings an, dass man gewisse Wege natürlich auch allein gehen muss.

„Aber der Zwillingsbruder ist ja schließlich im Telefon unter den Favoriten und erhält täglich genügend Anrufe."

Enervierend finden beide die auch uns wohlbekannte Frage: „Macht ihr immer alles zusammen?"

Wenn die Leute dann erfahren, dass beide auch noch die gleiche Ausbildung absolvieren, haken sie nach: „Etwa auch im selben Büro?" Diese

Frage können die beiden Brüder verneinen. *„Auch noch im selben Büro zu arbeiten, das wäre dann vielleicht ein bisschen des Guten zu viel."*

Über die ständigen Vergleiche und die fehlende Wahrnehmung des Einzelnen wissen auch die eineiigen Zwillinge Ramona und Michaela zu berichten:

> *„Charakterlich und in der Leistung wird man immer verglichen. Auch, dass man nie auseinandergehalten werden kann, nervt ein bisschen. Das ist, als hätte man vor Fremden kein eigenes Gesicht ... Komisch zu erklären."*

Daneben gibt es aber noch eine andere Herausforderung, die diese beiden Schwestern verdeutlichen.

> *„Was uns nicht gefällt, ist, dass, wenn jemand Streit mit einer von uns hat, auch die andere von der betreffenden Person dumm angeguckt wird, weil diese uns verwechselt oder einfach denkt, beide denken genauso."*

Auch unsere eigenen Erlebnisse zu diesem Thema können ganze Buchläden füllen.

Dabei muss es sich allerdings nicht unbedingt um einen Streit handeln. Unangenehm gestaltete sich für uns Schwestern beispielsweise anfangs der Aufenthalt auf dem Universitätscampus der jeweils anderen. Antonia konnte natürlich die Kommilitonen, Professoren oder weiteren Bekanntschaften von Barbara nicht kennen – und umgekehrt.

Einige Male der Unfreundlichkeit beschuldigt gewöhnten wir uns an, einfach jeden, der uns auf unserem Weg begegnete, freundlich anzulächeln und zu grüßen. Was oft ähnlich beschämend für uns war. Erst nach vielen Wochen, nachdem auch der Letzte verstanden hatte, dass es eine Doppelgängerin der jeweiligen Studentin gab und dass dies der wahre Grund für die vermeintliche Unfreundlichkeit war, wurde unser Leben wieder ruhiger.

Auf ein anderes Problem mancher Zwillingspaare kommt Andrea zu sprechen, als sie über sich und ihre Zwillingsschwester Diana erzählt.

Sie habe das Zwillingsdasein *„schon immer als Fluch"* empfunden. *„Wenn ich mal Kinder bekommen sollte, wünsche ich ihnen das nicht. Alles musste geteilt werden, das Zimmer, das Spielzeug, die Klamotten. Einfach alles."*

Auf dieses „leidige Thema" machen uns auch Ramona und Michaela aufmerksam.

„Selbst der Geburtstag wird bei Zwillingen geteilt."

Und in Ramonas und Michaelas Familie ist das auch noch der Geburtstag des zweiten Zwillingspaars. Michaela erzählt:

„Es ist nie ruhig bei uns und der Geburtstag von uns vieren ist wie Weihnachten. Dadurch bekommt leider auch nicht jeder die Aufmerksamkeit, wie man sie am eigenen Ehrentag gern hätte."

Von den eineiigen Zwillingen Luise und Kerstin erfahren wir, dass sie sich als Teenager gegenseitig nicht mochten. Auch wenn sie sich in den ersten Jahren ihrer Zwillingspartnerschaft über die Ähnlichkeiten freuten, führten die Vergleiche in den Teenagerjahren zu einem endlosen Gezänk. Während Luise durch ihren Fleiß und ihr Engagement bei den Lehrern beliebt war, hörte Kerstin immer wieder den Satz: „Warum kannst Du nicht ein bisschen mehr wie deine Zwillingsschwester sein?" Das verärgerte Kerstin natürlich. Je mehr sie sich gezwungen sahen, gleich zu sein, desto mehr hätten sie versucht, eigene Identitäten zu etablieren. Schließlich baten die Zwillingsschwestern sogar um getrennte Klassen. Erst Jahre später näherten sie sich wieder an und lernten einander lieben.

Machten sich bei Luise und Kerstin die Schwierigkeiten insbesondere während der Schulzeit bemerkbar, so kamen bei Ramona und Michaela die Herausforderungen in der Zwillingspartnerschaft erst mit Ende der Schule. Die Schwestern beobachteten nach der Schulzeit, dass sie kaum noch etwas verbindet.

„Wir sind vom Charakter her so unterschiedlich."

Während Ramona das Verständnis für Michaelas Aktivitätssinn fehlt, ist es für Michaela rätselhaft, dass ihre Schwester die Zeit gern zu Hause verbringt.

„Wir merken selber, dass es schade ist, aber so ist es nun mal. Vielleicht ändert sich das mit der Zeit."

Bianca berichtet uns von der Zwillingsbeziehung zu ihrer zweieiigen Schwester Marina: Für sie sei es als Zweitgeborene nicht immer leicht gewesen, ein Zwilling zu sein. Als das „schwächere Glied" in der Zwillingsbeziehung habe sie sich nicht selten von der Schwester leiten lassen.

„Meine Schwester hat mir viel geholfen. So konnte ich meine Noten verbessern."

Das fand sie natürlich immer vorteilhaft.

„Auf der anderen Seite machte mich das in gewisser Weise unselbstständig. Jetzt erst, durch viele Enttäuschungen im Leben, habe ich gelernt, auch mal gerne allein zu sein. Ich brauchte viel Zeit, um endlich auch mal ‚ich' sein zu können. Meine Interessen entwickeln sich erst jetzt im Alter richtig."

RIVALITÄTEN

Auch wenn ein Großteil der von uns befragten Zwillinge ihr Zwillingsdasein als Gewinn ansieht, zeigen diese Beispiele: Ein Zwillingsleben besteht nicht immer aus purem Glück, sondern hat auch seine Schattenseiten.

Das wird nicht nur in den Berichten deutlich, die uns andere Zwillingspaare für dieses Buch zur Verfügung gestellt haben. Auch bei prominenten Zwillingspaaren findet man entsprechende Beispiele.

Aus der Autobiografie der beiden Tänzerinnen und Sängerinnen Alice und Ellen Kessler erfahren wir vom Konkurrenzkampf, der bei ihnen schon früh begann.

Wie es zu dieser Rivalität kam, begründet Ellen Kessler damit, dass ihre Schwester Alice als Kind alles als Erste machte. Ellen steuerte dem entgegen – und in späteren Jahren war sie es, so Alice, die immer Führung zeigen musste. Ob im Urlaub, beim Einkaufen oder bei der Bitte nach der Rechnung im Restaurant – überall habe Ellen die Nase vorn. (Vgl. Kessler 1996, 12 f.)

Eine ausgeprägte Rivalität ist unter Zwillingen tatsächlich gar nicht so selten. Das bestätigt auch das Beispiel der Zwillingsbrüder Olaf und Fabian:

„Wir Brüder haben uns oft als Rivalen gesehen", antwortet der 50-jährige Olaf in einem persönlichen Gespräch. Den Grund dafür sieht er in der speziellen Beziehung zu den Eltern. *„Da ich immer der Zerbrechlichere von uns beiden war, waren unsere Eltern und vor allem meine Mutter um mich mehr besorgt."*

Das löste bereits in frühen Jahren einen Wettstreit zwischen den beiden aus. So wurde die Rivalität insbesondere durch die Eltern hervorgerufen und aufrechterhalten.

Olafs Erzählung verdeutlicht, dass der Kampf um den Vorrang bei Zwillingen ein ganz besonderes Geflecht zu sein scheint. In jeder der einzelnen Entwicklungsphasen, die bei Zwillingen immer parallel verlaufen, wenn sie in derselben Familie aufwachsen – ob Kindergarten, Schule oder Ausbildung –, kann dieses Phänomen auftreten, erklärt uns Zwillingsvater und -experte Werner.

> *„Weil die Zwillinge den Großteil der Zeit miteinander verbringen, ist die Rivalität in jeder Phase gegeben. Trennen sich die Wege der Geschwister, können die Entwicklungsphasen unterschiedlich verlaufen und Rivalitäten nehmen ab. "*

Halten wir uns noch einmal die Rivalität zwischen Olaf und Fabian vor Augen: Ist es nicht die Aufgabe der Eltern, die Aufmerksamkeit auf alle Kinder gleichmäßig zu verteilen? Weder Benachteiligung noch Bevorzugung haben in einem Zwillingsverhältnis Platz.

Doch in der Realität ist diese gerechte Verteilung nicht immer leicht umsetzbar. Wie uns verschiedene Gespräche mit Zwillingseltern zeigen, stellt das Thema „Aufmerksamkeit" häufig eine Herausforderung dar. So ist es Zwillingseltern oft gar nicht möglich, jedem einzelnen Zwillingskind die ungeteilte Aufmerksamkeit genauso zu schenken wie einem einzelnen Kind. Auch wenn sicherlich der Wunsch vieler Eltern vorliegt, jedem Kind in gleicher Weise gerecht zu werden, können sie diesem nicht immer nachkommen. *„Denn sobald man sich dem einen Kind widmet, fordert auch das andere die Aufmerksamkeit der Eltern ein"*, berichtet Zwillingsmutter Ingrid.

„Diese Dreieckskommunikation ist letztlich für alle Beteiligten schwierig", erklärt Frau Dr. Neumann, die in den vielen Jahren ihrer Tätigkeit als Gynäkologin auch mit diesem Thema konfrontiert wurde. Oft beansprucht eines der Kinder, beispielsweise durch die Pflege, mehr Zeit als das andere Kind. Aus diesem Grund kann das „vernachlässigte" Kind möglicherweise dem Geschwisterkind gram sein.

In jüngerer Zeit hat das Thema *„Ungleichbehandlung"* in der Zwillingsforschung immer mehr Aufmerksamkeit erhalten, erzählt uns Zwillingsforscher Busjahn. So zeigen die ersten Ergebnisse einer aktuellen Zwillingsstudie, dass die soziale Schicht der Eltern in Hinblick auf die Gleichbehandlung nicht belanglos ist. Während untere Statusgruppen den Blick eher auf die Förderung der stärksten Nachkommen legen, bemühen sich höhere Statusgruppen um den Ausgleich der Leistungsschwächen aller Kinder.

Auch Zwillingsvater Werner sieht eine möglichst gerechte Verteilung der Aufmerksamkeit als wichtig an. Denn die Nähe und die enge seelische und gefühlvolle Verbundenheit eines Zwillingspaares beeinflusst die Anteilnahme füreinander in besonderer Weise. Und das bestimmt nicht nur bei Zwillingen. Weist man das eine Kind zurück oder begünstigt es im besonderen Maße, so empfindet das andere Kind diese Gefühle doch genauso. Gemeinsame Emotionen verbinden und lösen intuitiv ein Füreinandereintreten und eine Solidarität zueinander aus.

Selbst wenn das Leben nicht für jedes Zwillingspärchen immer einfach zu sein scheint, erfahren wir aus unserer eigenen Befragung etwas sehr Schönes. Denn ein Großteil der Zwillinge möchte das Zwillingsdasein nicht missen. Und viele von ihnen hegen den Wunsch, selbst Zwillingseltern zu werden.

Dass Zwillinge allerlei Vorurteilen in der Gesellschaft begegnen, ist ein kleiner Wermutstropfen. Typischen Vorurteilen gegenüber Zwillingen werden wir uns im Folgenden widmen.

DAS DOPPELTE LOTTCHEN?

Stereotype sind einprägsame Sachverhalte, die man bestimmten Personengruppen zuordnet. Ein Stereotyp – auch Vorurteil oder Klischee genannt – ist eine Vereinfachung, die es uns erleichtert, die Welt zu begreifen.

Oft sind solche Vorurteile natürlich falsch. Zwillinge wissen ein Lied davon zu singen.

Ein Vorurteil, welches uns immer wieder begegnet, ist die Frage nach dem gleichen Geschmack.

Mögen Zwillinge also tatsächlich dieselbe Kleidung?

Favorisieren sie vielleicht sogar die gleichen Lebensmittel?

Und was ist dran an dem Vorurteil, Zwillinge teilten am Ende sogar denselben Partner?

Lassen wir einmal die eineiigen Zwillingsschwestern Sabrina und Dora zu Wort kommen. Sie klagen darüber, dass sie in ihrer Kindheit kaum Mitspracherecht bei der Kleidungswahl gehabt hätten:

„Da finden es alle Leute ganz toll, wenn man gleich gekleidet ist. Dies gestaltete sich in der DDR oftmals als nicht ganz einfach, aber hinbekommen haben das unsere Eltern eigentlich immer – zumindest zu großen Anlässen, wie man auf Bildern sehen kann."

Erst in späteren Jahren entwickelten beide Schwestern einen eigenen Geschmack – ohne dass sich ihre Stile jedoch stark voneinander unterschieden. So schreibt Dora, dass es sicher Kleidungsstücke gebe, die sie nicht toll an ihrer Schwester finde und umgekehrt, aber es komme schon vor, dass sich beide die gleichen Stücke kaufen und auch zusammen tragen würden.

Dies erinnert uns unweigerlich an eine Geschichte, die wir in unserer eigenen Jugend erlebten. Wir waren Anfang zwanzig, hatten unsere ersten Wohnungen bezogen und erwarteten den Besuch zweier Hamburger Freunde. Auf diese Gäste freuten wir uns bereits seit vielen Tagen. Vorher machten wir uns auf zur Shoppingrunde, um für diesen Tag auch ansehnlich gekleidet zu sein. Wir schafften es jedoch nicht, diese Tour gemeinsam zu starten. So ging also jede für sich, durchforstete die Berliner Läden und wollte selbstverständlich für diesen schönen Anlass glänzen.

Als der freudige Tag gekommen war, holte Antonia ihre Schwester von zu Hause ab. Kaum war die Wohnungstür geöffnet, setzte bei uns beiden geradezu eine Schockstarre ein: Wir trugen genau die gleiche Hose, das gleiche Shirt und die gleiche Jacke. Unabhängig voneinander hatten wir identische Kleidung gekauft, in exakt denselben Läden, doch zu unterschiedlichen Zeiten. Seit jenem Tag sprechen wir uns vorher in Sachen Kleiderwahl ab, wenn wir gemeinsame Verabredungen haben.

Es ist also nicht nur ein Vorurteil, dass Zwillinge einen gleichen oder ähnlichen Geschmack haben können. Bei den Zwillingsschwestern Lena und Isa passiert es sogar sehr häufig, dass sie feststellen, sich ähnlich gekleidet zu haben. Beide Schwestern treffen sich regelmäßig zum Frühstück. Oft tragen sie dann, ohne sich vorher abgesprochen zu haben, eine ähnliche Kleidung – noch öfter die gleichen Farben und bisweilen sogar die gleiche Frisur. Das sorgt für eine heitere Stimmung am Morgen! Zu diesem Thema fällt Lena noch eine weitere lustige und zwillingstypische Episode ein:

„Isa kaufte voller Vorfreude für mich ein Weihnachtsgeschenk – in einem Laden, in den wir sehr selten gehen. Einen Tag später zeigte ich ihr mit Begeisterung ein neues Shirt, das ich gerade erstanden hatte. Isa fing laut an zu lachen und meinte,

nun müsse sie mir ein neues Weihnachtsgeschenk suchen. Denn es war genau das gleiche Shirt."

Diese herrliche Geschichte erinnert uns an eine eigene, ganz ähnliche Geschenkesituation: Vor vielen Jahren unternahmen wir eine gemeinsame Reise an den Yukon, ein wunderschönes Territorium im äußersten Nordwesten Kanadas. Von Wildnis und Natur umgeben verbrachten wir mehrere Wochen in den Bergen auf einer Husky-Ranch – dies war seit vielen Jahren ein Herzenswunsch von Barbara. Ein unglaublich beeindruckender Urlaub! Jeden Abend waren wir umgeben von Wolfsgeheul, wilden Tieren und einem tollen Sonnenuntergang. Jeder Tag fühlte sich an wie ein Indianerleben. Unbeschreiblich! Wen wundert es also, dass wir uns gegenseitig mit einem Fotobuch zu dieser Reise beschenkten? Doch das Verblüffende: Wir schenkten uns beide gleichzeitig das identische Fotobuch, hergestellt von derselben Firma mit fast der gleichen Bildfolge – und dies exakt drei Jahre nach der Reise.

Zurück zu Lena und Isa. Als Kinder, so erzählen sie, hätten sie immer gleiche Kleidung getragen. Nachdem sie dann begonnen hatten, sich selbst einzukleiden, trugen sie natürlich nicht mehr stets gleiche Sachen.

„Trotz allem haben wir uns später auch noch das Gleiche in unterschiedlichen Farben gekauft. Wir haben einfach den gleichen Geschmack."

Ganz ähnlich geht es den eineiigen Zwillingsschwestern Birgit und Regina hinsichtlich der Essgewohnheiten: Beide bevorzugen absolut die gleichen Gerichte.

Doch natürlich hat nicht jedes Zwillingspaar übereinstimmende Gewohnheiten in allen Lebensbereichen. Bei den Zwillingsbrüdern Louis und Axel etwa entsprechen sich die Vorlieben, was Fernsehsendungen und Lebensmittel angeht. In Sachen Kleidung hingegen ist Axel eher der „Entdecker", der gern mal Neues ausprobiert – ob bei Frisur oder Kleidung –, während Louis sich eher auf das Bewährte verlässt.

Ähnliches bemerken wir auch an uns selbst. Allerdings geht diese Beobachtung weit über die Betrachtung von Kleidung oder Frisur hinaus. In unserem Lebensweg gibt es immer so lange einen parallelen Rhythmus, eine Balance, bis eine von uns einen Schritt nach vorne wagt. Bewährt sich dieser, zieht die andere nach. Dabei ist es aber nicht immer dieselbe, die den ersten Schritt macht. Mal ist es die eine, mal ist es die andere Schwester. Das war schon in unserer frühen Kindheit so, wie unsere Mutter erzählt – und bis heute hat sich nichts daran geändert.

„Es gibt nur wenige Unterschiede in den Sachen, die wir essen", erzählt Ramona über die geschmacklichen Vorlieben in ihrer Zwillingspartnerschaft mit Schwester Michaela. Dafür sei es der Kleidungsstil, der sich bei diesen beiden Frauen gewaltig unterscheidet: Liebäugelt Michaela mit auffälligen Farbkombinationen, so bevorzugt Ramona eher elegante Kleidung. Vor allem aber haben die beiden Schwestern ganz unterschiedliche Vorlieben, wenn es um das Thema Männer geht. Ramona meint:

> *„Meine Schwester mag eher den blonden Typ, während ich ein besonderes Faible für Südländer habe."*

Wir beide bevorzugen zwar keinen bestimmten Männertyp, aber eine Erfahrung teilen wir trotzdem mit Ramona und Michaela: Wir haben noch nie Interesse an ein und demselben Mann gehabt. Und so soll es auch bleiben. Wo kämen wir denn hin, wenn wir uns über solche profanen Themen streiten würden.

Der Drang, sich voneinander abzugrenzen, scheint bei Zwillingen oft groß. Die eineiigen Zwillingschwestern Greta und Melissa erzählen uns:

> *„In den ersten Schuljahren haben wir uns gesträubt, immer gleich auszusehen. Das erste wirkliche Aufbegehren gab es nach der Kommunion, als sich eine von uns die langen Haare auf Schulterlänge kürzen ließ. Wir waren in diesem Alter auch sehr bedacht darauf, unterschiedlich gekleidet zu sein."*

Im Laufe der späteren Jahre legte sich dann der Wunsch nach Abgrenzung. Greta meint:

> *„So passiert es immer mal wieder, dass wir die gleichen Klamotten unabhängig voneinander kaufen oder die Klamotten untereinander tauschen."*

Die Schilderungen von Greta und Melissa wecken bei uns recht unliebsame Erinnerungen. Denn auch wir rebellierten in der Jugend gegen den uns auferlegten Zwang zur Gleichheit. Die Haare von Antonia mussten ab. Barbara hingegen wagte ein ganz anderes Experiment und färbte ihre Haare blond.

Das stellte den Friseur angesichts unserer sehr dunklen Haarpracht vor eine schier unlösbare Aufgabe. Er nahm sie jedoch tapfer an, und so sah man Barbara etliche Monate mit der außergewöhnlichen Haarfarbe „Orange-Eidotter" umherlaufen. Die kurzhaarige Antonia hingegen wurde in der Schule von einer Mitschülerin mit den rücksichtsvollen Worten empfangen: *„Letzte Woche warst du noch ein relativ hübsches Mädchen."*

Wir resümieren: Zwillingspaare haben oftmals ähnliche Vorlieben. Am auffälligsten für Außenstehende sind natürlich Gemeinsamkeiten in der Kleiderwahl. Doch Zwillinge haben auch den Drang, sich vom Geschwisterkind abzugrenzen, manchmal mit drastischen Methoden. Und in wieder anderen Fällen gibt es von vornherein kaum Verbindendes. Andrea und Diana zum Beispiel sehen sich als komplett verschieden. Ob dies damit zusammenhängt, dass es sich um zweieiige Zwillinge handelt?

SIND EINEIIGE ZWILLINGE GANZ GLEICH?

Stereotype zum Zwillingsleben sollen in diesem Buch ausführlich behandelt werden. Eine der populärsten an eineiige Zwillinge gerichteten Fragen betrifft deren Ähnlichkeit.

Louis aus der Schweiz schrieb uns, dass er und sein Zwillingsbruder Axel mittlerweile kaum etwas unangenehmer finden als die Frage: *„Wie kann man euch auseinanderhalten?"*

Und würden wir Schwestern eine Statistik über die am häufigsten von uns verwendeten Sätze aufstellen, so stünde ganz sicher an erster Stelle:

„Sie verwechseln mich mit meiner Zwillingsschwester!"

Können eineiige Zwillinge also wirklich kaum voneinander unterschieden werden? Und stimmt es, dass sich Zwillinge selbst verwechseln?

Zwillingsforscher Busjahn kann die oft verblüffende Ähnlichkeit zwischen eineiigen Zwillingen wissenschaftlich erklären. Viele äußere Merkmale hängen schließlich von unseren Genen ab – und wenn gleiche Gene vorliegen, entwickeln sich gleiche Merkmale. Doch offenbar spielt auch unsere subjektive Wahrnehmung keine unwichtige Rolle. Sie erklärt, warum es Außenstehenden oft schwerfällt, kleine Unterschiede zwischen mehreren Menschen festzustellen:

*„Wir erwarten bei unseren Mitmenschen eine individuelle und einmalige Erschei-
nung. Wird diese Erwartung nicht erfüllt, dann konzentriert sich die Wahrnehmung auf die überraschenden Gemeinsamkeiten. So wie für Europäer Asiaten erst
einmal schwer unterscheidbar sind (genau wie umgekehrt), so können wir Zwillinge
nicht sofort unterscheiden, auch wenn für Eltern und Partner der Zwillinge die
Unterschiede deutlich sind."*

Aber auch zwischen eineiigen Zwillingen gibt es stets kleine physiognomi-
sche Unterschiede. Das kann laut Busjahn vorgeburtliche Ursachen haben,
wie zum Beispiel die unterschiedliche Lage und Durchblutung der jeweiligen Plazenta. Überraschenderweise können die feinen Unterschiede zwischen Zwillingen jedoch ebenso in den Genen liegen:

*„Auch wenn die Erbinformation eigentlich gleich ist, wird nicht immer die Infor-
mation aus beiden paarweisen Chromosomen gleich abgelesen. Das X-Chromosom
zum Beispiel hat in jeder weiblichen Körperzelle immer nur eine aktive Variante.
Weitere Ursachen für Unterschiede liegen dann in der Umwelt und dem Verhalten.
Essen und Sport sind hier nur die offensichtlichsten Faktoren."*

Trotzdem kommt es vor, dass sich Zwillinge selbst verwechseln. Denn
auch, wenn die meisten der von uns befragten Zwillinge beim Betrachten
von Fotos behaupten, eine eindeutige Zuordnung treffen zu können, fällt
es uns beim Betrachten unserer Kinderbilder teils schwer, dem richtigen
Zwilling auf die Spur zu kommen.

Eine andere Frage, die uns immer wieder begegnet, ist die nach der
Geschlechtsgleichheit. Zweieiige Zwillinge sind naturgemäß oft verschiedenen Geschlechts. Hingegen haben eineiige Zwillinge immer dasselbe Ge-
schlecht. So dachten wir zumindest bisher.

Doch Zwillingsforscher Busjahn belehrt uns eines Besseren: Eineiige
Zwillinge können im Ausnahmefall unterschiedliche Geschlechter haben.
In seltenen Fällen kommt es vor, dass das duplizierte Ei nicht die klassi-
schen Kombinationen der Geschlechtschromosomen – „XX" für ein Mädchen und „XY" für einen Jungen – enthält. Busjahn erklärt:

*„Beim sogenannten Klinefelter-Syndrom haben Männer ein zusätzliches X-
Chromosom (XXY), entweder in allen Zellen des Körpers oder auch als Mosaik.
Betrifft eine solche Störung Zwillinge, kann diese bei beiden sehr unterschiedlich*

ausgeprägt sein, bis hin zu einer fälschlichen weiblichen Geschlechtszuordnung bei einem Zwilling. Auch andere seltene genetische Störungen können vergleichbare Ergebnisse haben. "

So halten wir zur letzten Fragestellung dieses Kapitels resümierend fest: In seltenen Fällen können bei einer eineiigen Zwillingsgeburt ein Junge und ein Mädchen das Licht der Welt erblicken.

UMWELT ODER ERBGUT?

Friedrich Nietzsche hat einmal gesagt: „Die Ähnlichseherei und Gleichmacherei ist das Merkmal schwacher Augen."

Auch wenn der Philosoph dabei nicht an Zwillinge dachte, bietet uns dieses Zitat doch einen wunderbaren Übergang zu einer Erkenntnis, die unsere Mutter machte. Sie beobachtete an uns ein Phänomen, dem sie sogar eine eigene Bezeichnung gab:

„Gesichter abnehmen. "

Das erklärt sie wie folgt:

„Jeder Mensch, auch jedes Kind, hat seinen eigenen Gesichtsausdruck bei bestimmten Begebenheiten. Meine Mädchen natürlich auch. Ich weiß nicht, war es bewusst oder unbewusst, aber die eine konnte den Gesichtsausdruck der anderen annehmen. "

Resultat dieser „Tauschaktion": Unsere Mitmenschen waren verwirrt und konnten nicht mehr erkennen, wen sie vor sich hatten.

„Damit konnten sie sogar mich, ihre Mutter, täuschen. "

Solche Momente der Verwirrung nahmen allerdings mit den Jahren immer mehr ab. Denn mit der Zeit prägen sich die Unterschiede zwischen Zwillingen oft immer deutlicher aus. Logisch, wenn man weiß, dass Vererbung die eine Sache ist, Umwelteinflüsse die andere.

Die Abnahme der Ähnlichkeit sehen wir nicht nur bei uns. Zwillingsvater Werner berichtet, dass seine eineiigen Zwillingsmädchen nach der

Pubertät in Körperhöhe, Gewicht, Kopf-, Augen- und sogar Nasenform immer unterschiedlicher geworden seien.

„Neben feinen Unterschieden der Gesichtszüge differenzierten sie sich seit dem Abitur unter anderem durch ihre verschieden gefärbten Haare. Die Auslandsaufenthalte brachten außerdem einen unterschiedlichen Kleidungsstil hervor."

Während seine Töchter Miriam und Sabine in der Kindheit und Jugendzeit ständig verwechselt wurden, würde es der Umwelt inzwischen leichtfallen, die beiden Frauen zu unterscheiden.

Es gibt noch weitere hochinteressante Phänomene hinsichtlich der Veränderungen, die Zwillinge durchlaufen. Auf eines davon machte uns vor einiger Zeit Herr G. aus Braunschweig aufmerksam. In einer E-Mail berichtete er uns von einer medizinischen Seltenheit: Zwillinge mit unterschiedlicher Hautfarbe.

So sei in einem Berliner Krankenhaus einmal ein Zwillingspärchen auf die Welt gekommen, bei dem ein Kind eine helle, das andere aber eine dunkle Hautfarbe gehabt habe. Während die Hautfarbe des einen Zwillings in den ersten Monaten seines Lebens ein wenig heller wurde, blieb die seines Geschwisters beständig dunkel.

Was könnte die Ursache für diese Besonderheit sein? Busjahn verweist auf die Mendelschen Regeln, ursprünglich einmal gewonnen an Erbsenblüten:

„Die Kreuzung von Rot und Weiß ergibt Rosa, die Kreuzung von Rosa mit Rosa kann zu Rot, Weiß oder Rosa führen. Gibt es also bei den Vorfahren beider Eltern von Zwillingen afrikanische und kaukasische Anteile, können sich die für die Hautfarbe verantwortlichen Gene zufällig bei den zweieiigen Zwillingen entmischen, sodass sehr unterschiedliche Hautfarben auftreten. Bei eineiigen Zwillingen sind nur Unterschiede in Nuancen in der Hautfarbe zu erwarten."

Doch was beeinflusst mehr: Umwelt oder Erbgut? Über diese Frage streiten die Forscher seit Jahrzehnten. Durch den Berliner Zwillingsforscher Busjahn erfahren wir es genauer:

„Erstmalig war es der Psychologe Thomas J. Bouchard, welcher in seinen Zwillingsuntersuchungen herausfand, dass eben nicht nur unsere Umwelt und das Elternhaus

einen Einfluss darauf haben, welche Vorlieben wir haben oder wie unser Leben verläuft. So sind sich getrennt lebende eineiige Zwillingen in bestimmten Persönlichkeitsmerkmalen oft viel ähnlicher als zusammen lebende zweieiige Zwillinge."

Sind also unsere Gene verantwortlich für diese Gemeinsamkeiten? Gehen wir noch einmal zurück ins Jahr 1876. Zu dieser Zeit postulierte Francis Galton, dass es die reinen Erbanlagen eines Menschen seien, welche die menschlichen Eigenschaften vererben. Doch wie kam der Mann darauf? Er ging einer interessanten Beobachtung nach. Und diese kann man auch heute noch nachprüfen, indem man den Lebensweg eines Kuckuckskindes – im wörtlichen Sinne – näher beleuchtet.

„Mutter Kuckuck" macht es sich in der Aufzucht ihrer Vogelkinder äußerst einfach. Ja, in unserer Gesellschaft würde diese Vogelmutter höchstwahrscheinlich als „Rabenmutter" gelten – dabei sind es gar nicht die Raben, welche die schlechtesten Mütter sind, aber das nur nebenbei. Zurück zur Kuckucksmutter: Sie legt ihre Eier in die Nester fremder Vögel. Das heißt, das junge Kuckuckskind wird von Pflegeeltern aufgezogen. Das Faszinierende daran, das auch Galton beobachtete: Der Jungvogel entwickelt trotz der arttypischen Vogelstimmen seiner Pflegeeltern einen unverkennbaren Kuckucksruf. Daraus schlussfolgerte Galton, dass es die Erbanlagen seien, die für die Artikulationsmöglichkeiten des Vogels ausschlaggebend sind. (Vgl. Eberhard-Metzger 1998, 57)

Auf unserer Recherchereise durch die offenen Fragen der Zwillingswelt erfahren wir: Ab dem Beginn der 1920er Jahre bekam die Zwillingsforschung Auftrieb. Schließlich interessierte die Frage nach den angeblich „besten Menschen". Dementsprechend waren die Forschungsergebnisse oft ideologisch bestimmt. Insbesondere in der Zeit des Nationalsozialismus hatte der Vorrang der Erblichkeit die Funktion, das krude Menschenbild des Regimes zu stützen.

Erhellend für die Frage scheint es, eineiige Zwillinge zu betrachten, die getrennt voneinander aufgewachsen sind. Auf der Suche nach entsprechenden Studien stoßen wir auf das „Minnesota-Projekt" (Vgl. Eberhard-Metzger 1998, 74) aus dem Jahr 1981 und erfahren aus selbiger Quelle von den getrennt voneinander aufgewachsenen eineiigen Zwillingen Jim Lewis und Jim Springer. Beide trafen erst im Alter von 39 Jahren aufeinander.

Die Gemeinsamkeiten, die sich bei diesem Treffen herausstellten, sind in unseren Augen nahezu mirakulös: Beide Brüder hatten zweimal geheiratet. Die jeweils erste Ehefrau der Männer trug den Namen Linda. Auch die Vornamen ihrer zweiten Frauen waren identisch. Außerdem waren beide Brüder Väter von jeweils einem Jungen – der eine hieß James Allen, der andere James Alan. Selbst die Hunde beider Brüder hörten auf denselben Namen: Toy.

Während die Jim-Brüder gut rechnen konnten, fiel ihnen das Schreiben schwer. Und sogar die Berufswege der Zwillinge waren fast identisch: Beide absolvierten eine Ausbildung zum Polizisten. Weitere unfassbare Gemeinsamkeiten gab es bei der Wahl der Automarke und dem jährlichen Familienurlaub in Florida. Zudem kauten beide Zwillinge an den Fingernägeln, liebten die Arbeit mit Holz, hatten aber nur einen Baum im Garten, welcher von einer selbstgeschreinerten weißen Bank umrandet wurde.

Doch hört diese außergewöhnliche Geschichte an dieser Stelle noch nicht auf. Auch in Sachen Gesundheit gab es Gemeinsamkeiten zwischen den Brüdern:

Beide litten an Hämorrhoiden, an zu hohem Blutdruck sowie – seit ihrem 18. Lebensjahr – an Migräne. Schließlich nahmen beide im selben Lebensjahr fünf Kilogramm Körpergewicht zu.

Wir wissen zwar selbst, wie es ist, eine sehr innige Bindung zueinander zu haben, aber diese Geschichte beeindruckt uns doch. Und sie spricht ebenfalls für die erbliche Komponente in der Ähnlichkeit von Zwillingen.

Ein weiterer spannender Fall ist jener der Zwillingsbrüder Oskar Stöhr und Jack Yufe, die gleich nach der Geburt voneinander getrennt wurden. Während der eine Bruder bei der Mutter in Deutschland aufwuchs, blieb der andere beim Vater in der Karibik wohnen. Obwohl beide von der Existenz des jeweils anderen wussten, trafen sie erst spät im Leben zusammen.

Trotz völlig unterschiedlicher Lebenswege stellten sich unglaubliche Parallelen heraus: So favorisierten beide konventionelle Kleidung, trugen einen Schnurrbart und eine Brille, liebten stark gewürzte Speisen und Liköre und hatten dasselbe Temperament.

Auch viele ihrer Marotten stimmten überein. Oskar und Jack schliefen fortwährend vor dem Fernseher ein, spülten die Toilette vor deren Benutzung und sammelten Armbänder an den Handgelenken. Auch drückten sie sich trotz unterschiedlicher Sprache auf dieselbe Weise aus, stellten die gleichen Fragen und lösten alle ihnen erteilten Aufgaben im gleichen Tempo.

Faszinierende Übereinstimmungen zwischen zwei Brüdern, die unter gänzlich verschiedenen Umweltbedingungen aufwuchsen!

Eine andere Begebenheit erinnert uns sehr an das bekannte Zwillingsbuch von Erich Kästner „Das doppelte Lottchen". Es geht dabei um die Zwillingsbrüder Gerald Levey und Mark Newman. Im Jahre 1985 machten Kollegen des Feuerwehrmannes Mark Newman auf einer Fachtagung Bekanntschaft mit dem Feuerwehrmann Gerald Levey. Nach der Rückkehr informierten sie Mark, sie hätten eine Person getroffen, die ihm „fast wie ein Ei dem anderen" gleiche.

Obwohl Newman ziemlich unbeeindruckt auf die Geschichte der Tagungsteilnehmer reagierte, machten diese es sich zur Aufgabe, beide Männer zusammenzubringen.

Nachdem sie Levey unter einem Vorwand auf die Feuerwache eingeladen hatten, standen sich die beiden Männer bald wie ein Spiegelbild gegenüber. Doch die Ähnlichkeit im Aussehen war nicht die einzige Gemeinsamkeit: Obwohl beiden die Existenz des jeweiligen Zwillingsbruders für 31 Jahre verborgen geblieben war, stellte sich heraus, dass der Ausbildungs- und Berufsweg wie auch das Privatleben der beiden Zwillinge nahezu identisch waren.

Beide Männer waren Junggesellen, favorisierten das Jagen und Angeln, sahen gern Filme mit John Wayne und mochten Budweiser-Bier. Auch viele Marotten glichen sich bis ins Detail: Beide Männer tranken das Bier aus der Dose, wobei sie ihren kleinen Finger unter der Dose krümmten und diese nach der Leerung zerdrückten. Auch dies eine sagenhafte Geschichte, wie sie nur das Leben schreiben kann! (Vgl. Eberhard-Metzger 1998, 70-75)

Eine letzte interessante Erzählung aus neuerer Zeit erfahren wir von Dagmar, die uns in einem Brief von den Zwillingsschwestern Cornelia und Ulrike berichtet. In der DDR geboren, wurden diese Zwillinge als Säuglinge durch eine Zwangsadoption getrennt.

Als sie sich das erste Mal trafen, waren die eineiigen Zwillingsschwestern bereits 26 Jahre alt. Im Austausch miteinander stellten beide Schwestern viele Parallelen zueinander fest. Um ihr Schicksal zu verarbeiten, haben sie ihre Geschichte aufgeschrieben und im Jahre 2007 unter dem Titel *„Geboren ... getrennt ... gefunden: Eine unglaubliche deutsch-deutsche Zwillingsgeschichte"* veröffentlicht.

Die genannten Fälle sind eindrucksvolle Belege für die These, dass es insbesondere das Erbgut ist, das den Menschen prägt. Doch die Frage, ob die Umwelt oder Erbgut einen größeren Einfluss hat, stellt sich für den Zwillingsforscher Andreas Busjahn gar nicht mehr:

„Heute weiß man, dass beides unabhängig voneinander einen starken Einfluss hat. Wichtiger ist weder das eine noch das andere."

So zeigt sich, dass man differenzieren sollte: Manche Züge einer Persönlichkeit sind fraglos erblich, andere eher umweltbedingt. Zwillinge selbst lassen sich zu diesem Thema schlecht befragen, denn zu unserer Überraschung sehen sie sich selbst häufig verschiedener, als sie es tatsächlich sind.

Es müssen weitere Studien her. Aus den Ergebnissen aktueller Zwillingsstudien weiß Dr. Busjahn, dass psychogene Erkrankungen wie Neurosen, Persönlichkeitsstörungen oder psychosomatische Leiden in erster Linie erblich sind. Auch Essstörungen oder Sprachfehler sind eher erblich bedingt, während eine Suizidneigung oder Verwahrlosung eher auf Umweltfaktoren zurückzuführen sind.

In diesem Zusammenhang stoßen wir auf die repräsentative Zwillingsstudie „TwinLife". Im Rahmen dieser Studie werden mehr als 4.000 ein- und zweieiige Zwillingspaare und ihre Familien über zwölf Jahre hinweg begleitet und befragt. (Vgl. TwinLife 2014–2026, Hahn 2016)

Für unser Buch sind die Ergebnisse dieser Studie unverzichtbar, denn aus diesen Untersuchungen weiß man, dass die Umwelt einen Einfluss auf den Grad haben kann, in welchem genetische Anlagen wirksam werden. (Riemann/Spinath 2005). So fanden der amerikanische Forscher Eric Turkheimer und seine Mitarbeiter eine höhere Erblichkeit für Intelligenz in höheren sozialen Schichten im Vergleich zu weniger gut gestellten Familien. (Turkheimer 2003)

Damit wäre diese Frage geklärt. Wie steht es aber um die Kreativität und die Persönlichkeit? Diese Frage ist laut Busjahn unumstritten: „Die Kreativität und die Persönlichkeit eines Menschen sind von unseren Genen beeinflusst." Allerdings könnten positive Umwelteinflüsse dazu führen, dass vorhandene Ressourcen optimal ausgenutzt werden können.

Wir resümieren: Gene und Umwelt prägen den Menschen. Wenn zwei Menschen identische Gene haben, dann werden sie sich nur in Nuancen voneinander unterscheiden. Das macht es Mitmenschen oft schwer, Zwillingskinder auseinanderhalten.

Doch scheinbar entwickeln diese kreative Methoden, um das Chaos zu bändigen, wie wir im nächsten Kapitel erfahren.

ZWILLINGE AUSEINANDERHALTEN

Die Ähnlichkeit zwischen Zwillingen löst bei den Mitmenschen so manchen Begeisterungssturm aus. Wie wir gesehen haben, prägen sich im Laufe der Jahre immer deutlichere Unterschiede aus. In den ersten Jahren jedoch sind sich Zwillinge oft zum Verwechseln ähnlich.

So erheiternd diese Ähnlichkeiten auch im ersten Moment erscheinen mögen – gerade für die näheren Angehörigen können sie auch sehr nervenaufreibend sein. Für uns selbst gehören Verwechslungsgeschichten zu den schönsten Kindheitserinnerungen. Unsere Mutter denkt noch gern an folgendes Ereignis zurück:

> *„Einmal stellte euer Papa fest: ‚Ich verstehe gar nicht, wie man die beiden nicht auseinanderhalten kann. Mir kann das nicht passieren!‘ Unterdessen spielte und schäkerte er vermeintlich mit Antonia. Bis er plötzlich feststellen musste: Es war nicht Antonia, sondern Barbara, die er vor sich hatte. So war er eben, mein lieber, lieber, ach so kluger Mann!“*

Ja, so etwas kann passieren. Und es passiert nicht einmal selten! Andere Zwillinge berichten uns, es sei immer mal wieder geschehen, dass sie von Eltern und anderen Bezugspersonen verwechselt wurden.
Damit dies nicht zur Tagesordnung wird, kommen die Mitmenschen auf die eigentümlichsten Ideen, um Zwillingskinder auseinanderzuhalten. Aus Gesprächen mit Zwillingseltern erfahren wir, dass die Verwechslungsgefahr gerade in der ersten Phase nach der Geburt für junge Eltern kein unbedeutendes Problem darstellt.

Die Strategien furchtsamer Eltern zum Auseinanderhalten ihrer Kinder sind dabei ganz unterschiedlich:

Meist waren es Geburtsbändchen, Halstücher, Kleidungsstücke, Schnullerketten oder Söckchen in unterschiedlichen Farben, mit denen die Kinder gekennzeichnet wurden. Am schönsten finden wir die Idee von einer Zwillingsmutter, die uns eine E-Mail zu dieser Thematik schrieb:

> *„Ich lackierte aus Angst vor einer Verwechslung dem einen Zwilling die Zehennägel.“*

Es zeigt sich eben immer wieder: Einfallsreich muss man sein, wenn man das Leben mit Zwillingen meistern möchte. Manchmal reichen auch kleine

Unterschiede zwischen den Zwillingskindern, um die Eltern vor Verwechslungen zu bewahren.

So erzählte uns Babsi, eine Freundin der Familie, von einer Sommersprosse, die nur eines ihrer Zwillingsmädchen auf der Nase hat. Das Problem an diesem Merkmal ist allerdings, dass es im Winter verblasst:

> *„Im schlimmsten Fall musste ich früher den Mädchen in die Windel schauen. Eine hat ein Muttermal am Steiß. Das hat uns im Babyalter immer sehr geholfen, als wir sie noch nicht so gut unterscheiden konnten. "*

Auch die bekannten Zwillingsbrüder Bill und Tom Kaulitz der deutschen Popgruppe Tokio Hotel sind mit dem Verwechslungsproblem vertraut. Aus einem Künstlerporträt erfuhren wir, dass sie im Kindergartenalter immer einen Pullover mit dem jeweiligen Namen tragen mussten, um auseinandergehalten werden zu können. (Zeit, 2008)

Eine ähnliche Lösung fand unser Onkel Manne, ein grundgütiger und liebenswerter Mensch.

Mit seiner inneren Ruhe und großen Geduld holte er uns fast täglich nach dem Kindergartenbesuch in seine Werkstatt, um uns ans Heimwerken heranzuführen. Nicht selten erklärte er einer von uns etwas doppelt, schickte das falsche Kind an die Werkbank und sprach uns mit dem falschen Namen an. Seine Verzweiflung war ihm dann oft ins Gesicht geschrieben. Eines Tages zog er plötzlich einen Stift aus seiner Tasche und schrieb jeder von uns mit knallroter, wasserunlöslicher Tinte den betreffenden Anfangsbuchstaben auf die Stirn: Antonia ein A und Barbara ein B. Noch heute erinnern wir uns an das bittere Gesicht unserer Mutter, die am Abend vergebens versuchte, die Farbe aus unserem Gesicht zu waschen. Ganz zu schweigen von dem Gelächter, das uns am darauffolgenden Tag im Kindergarten erwartete.

Sicher war es nicht immer leicht für unsere Mitmenschen, uns auseinanderzuhalten. Auch fragen wir uns bis heute, ob allen unseren Nachbarn überhaupt klar war, dass es in unserem Haushalt ein Zwillingspärchen gab. Denn viele von ihnen sprachen uns beide als Barbara an. Das war für uns auch nicht weiter schlimm, denn als Zwilling ist man stets an beide Vornamen gewöhnt, den eigenen und den des Geschwisterchens.

Davon profitierten auch unsere damaligen Kindergärtnerinnen. Unserer Mutter fällt folgende Episode ein:

„Die Erzieherinnen im Kindergarten hatte es wirklich nicht leicht. Ihnen ist es nie gelungen, die beiden auseinanderzuhalten. Es hieß immer: ‚Hallo, ihr Zwillinge, kommt zum Essen!' Eines Tages wollte ich meine Mädchen vom Kindergarten abholen, da rief eine der Erzieherinnen: ‚Antonia, deine Mama ist da!' Ich war ganz erstaunt. Konnte sie jetzt meine Kinder voneinander unterscheiden? ‚Nein', antwortete sie, ‚ich wusste ja, dass beide Mädchen auf den Namen reagieren.'"

Der Vater der Zwillingsbrüder Ben und Markus machte es sich noch einfacher. Er schrieb uns, dass ihm seit jeher ein Name für seine beiden Kinder genüge. So hatte er die Angewohnheit entwickelt, einfach beide Namen zu rufen, wenn er etwas von den Zwillingen wollte. Sie hießen also schlicht „BenMarkus".

Ganz ähnlich machte uns unsere Freundin Katrin eines Tages zu „Anbarbara", indem sie Namen(steile) versehentlich verkettete. Wie oft haben wir darüber gelacht!

Dabei ist das gar kein seltenes Phänomen. Denken wir nur an das prominente Beispiel von Angelina Jolie und Brad Pitt. Das ehemalige Traumpaar wird von der Presse auch kurz „Brangelina" genannt. (Vgl. Clements 2012) Genau genommen handelt es sich um ein sogenanntes Kunstwort, Fachleute sprechen von einem Schachtel-, Koffer- oder von einem Portemanteau-Wort. Ein künstlich gebildetes Wort eben.

Wer hätte gedacht, dass sich aus Katrins ursprünglichem Namens-Versprecher eine so weitreichende Erklärung ableiten lässt. Das müssen wir ihr unbedingt mal erzählen …

ZWILLINGSSTREICHE

Ob „Hanni und Nanni" oder „Das doppelte Lottchen" – in der Literatur findet sich so manch schöne Idee, wie man die äußere Ähnlichkeit von Zwillingen für allerlei Schabernack nutzen kann.

Aus einem großen Repertoire an Zwillingsstreichen können wir persönlich nicht schöpfen. Dafür waren unsere engeren Bezugspersonen viel zu ausgefuchst – sie durchschauten unsere Pläne sofort. Also haben wir andere Zwillingspaare zu diesem Thema befragt.

IN DER SCHULE WIRD GELACHT ...

Andrea und Diana nutzten ihre Ähnlichkeit vor allem in der Schule. Sie erzählen:

> *„Da wir in unterschiedliche Klassen gingen, tauschten wir manchmal unsere Stunden, wenn uns der Unterricht nicht gefiel."*

Dora und Sabrina hingegen teilten die Schulbank. Bevorzugte die eine Schwester Mathematik, so hatte die andere ihre Stärken in den Fremdsprachen.

> *„Da uns kein Lehrer hundertprozentig auseinanderhalten konnte, ging immer diejenige zur mündlichen Prüfung an die Tafel, die es sich in dem Moment mehr zutraute."*

Erst in der Abiturzeitung bedankten sich beide Schwestern bei ihren Mitschülern für deren Stillschweigen.

Auch die Zwillinge Birgit und Regina tauschten in den einzelnen Fächern öfter die Plätze. Sie schrieben uns:

> *„In der Schule war es ein Kinderspiel, die Lehrer und Mitschüler zu verarschen. So haben wir entsprechend bessere Noten erzielt."*

Hierbei gab es nur ein Problem: Birgit musste in solchen Situationen Reginas Brille aufsetzen.

„Davon wurde mir immer schlecht."

Werner, selbst als Zwillingskind aufgewachsen und Vater von Zwillingsmädchen, berichtet über seine Lehrererfahrungen mit Zwillingen. Bei Klassenarbeiten war er stets bemüht, Zwillinge getrennt voneinander zu platzieren, um die auf den jeweiligen Zwilling bezogene Leistungsfähigkeit auch objektiv einschätzen zu können. Denn Zwillinge haben die Fähigkeit, voneinander abzuschreiben ohne groß aufzufallen. Blind wissen sie die Bewegungsformen des anderen Zwillings zu deuten und werden dadurch beim Abschreiben auch nicht bemerkt.

Dabei muss es sich gar nicht immer um einen vorsätzlichen Täuschungsversuch handeln, lieber Werner! Vielleicht tun die Lehrer uns Zwillingen gelegentlich sogar unrecht, wenn sie uns der Mogelei bezichtigen. Folgende Geschichte unserer Mutter untermauert dies:

„In der Schule bekamen Antonia und Barbara bei schriftlichen Arbeiten meist dieselbe Benotung. Es kam der Tag, da reichte es der Klassenlehrerin, denn sie war der felsenfesten Überzeugung, beide Kinder schrieben voneinander ab. Nach einer gewissen Zeit wurde die eine in die Wand- und die andere in die Fensterreihe gesetzt. Und das Ergebnis: Wieder machten beide dieselben Fehler."

Ungerechte Anschuldigungen hin oder her – Lehrer haben es fraglos oftmals schwer mit Zwillingen. Auch die Lehrerin von Bianca und ihrer Schwester wurde zuweilen zur Verzweiflung getrieben.

„Damals (1954) war es eine Sensation, Zwilling zu sein", erklärt uns Bianca. In die Schule kamen sie und ihre Zwillingsschwester regelmäßig in einem bestimmten Pullover – der eine war dunkelblau, der andere bordeaux. Die Klassenlehrerin freute sich über dieses Unterscheidungskriterium.

Das machten die Schwestern aber nicht lange mit.

„Irgendwann tauschten wir die Pullover."

Die Lehrerin wurde also vor eine neue Herausforderung gestellt – und die Schüler amüsierten sich.

Kenn' ich dich?

Die Zwillingsschwestern Dora und Sabrina nutzen ihre Ähnlichkeit immer gern, wenn sie jemanden ignorieren wollen:

„Auf der Straße winken manchmal Menschen, die man kennt, mit denen man aber zu dem Zeitpunkt nicht reden will, oder man hat keine Zeit. Wenn sie einen dann ansprechen, leugnet man, dass man die ist, für die sie einen halten."

In den meisten Fällen entschuldigen sich die Leute freundlich und gehen ihres Weges.

Wie praktisch, so ein Zwillingsleben! Und wer uns bis hierhin nicht um unser doppeltes Dasein beneidet, an dieser Stelle wären wohl auch dem Letzten die Zweifel genommen. Bewusst für eine Verwechslung sorgen zu können, wer kann das schon von sich behaupten?

Doch sind die Partner eines Zwillings darüber ebenso entzückt? Man kann seine Zweifel daran haben, wenn man die Verwechslungsgeschichte von Lena und Isa liest. Lena erzählt uns:

„Ich war bei meiner Zwillingsschwester Isa und habe mir dort die Haare gewaschen. Mit dem Handtuch – als Turban gewickelt – auf dem Kopf öffnete ich ihrem Freund die Wohnungstür. Als seine Lippen schon fast auf meinen waren, musste ich ihn schnell bremsen. Aber okay, damit konnte er ja auch nicht rechnen."

Na, das finden wir aber auch. Und trotzdem gehört diese Geschichte eben zu den typischen Alltagsbegebenheiten im Leben eines Zwillings. So wie die Erzählung von Ramona und Michaela:

„Wir haben die gleichen Stimmen. Wenn also Michaelas Freund anruft, dann gebe ich mich als Michaela aus, um mir einen Spaß zu machen."

Auch in unserer Elternfunktion sorgen wir Schwestern bisweilen für Verwirrung. Etwa dann, wenn Antonia ihren kleinen Neffen vom Kindergarten abholt. Immer wieder wird dann gefragt, ob der kleine Mann seine Mutter Barbara und seine Tante auseinanderhalten könne. Selbstverständlich weiß dieser sehr genau, wer seine Mama ist. Nur eine Situation gab es, in der er uns verwechselte – und über die wir noch heute gerne lachen.

So trug es sich zu, dass die falsche Mama, also die Tante Tonia, ihren fast einjährigen Neffen nach dem Mittagsschlaf aus dem Bettchen nahm. Der kuschelte überaus gelassen mit seiner Tante.

Das überraschte zunächst, denn solche Vertrautheit schenkte er sonst nur der Mama. Und der begegneten Tante und Neffe wenige Augenblicke später auf der Treppe. Der Blick des Kleinen ging hin und her, immer schneller und verzweifelter. Seine Gedanken standen ihm förmlich ins Gesicht geschrieben: Wer ist denn jetzt die richtige Mama? Die kleine Verwechslung endete in einem kurzen Tumult. Gott sei Dank dauerte der Schrecken nicht lange an, und Mama und Tante wurden wieder aufrichtig geliebt – aber eben jede für sich und auf eine eigene Weise.

Sehr interessant finden wir eine Geschichte, die uns Lena über sich und ihre Zwillingsschwester Isa erzählt:

„Isa arbeitete über die Weihnachtszeit in einem Blumengeschäft. Leider wurde sie an einem Tag krank und bat mich, für sie einzuspringen, da wirklich viel zu tun war. Natürlich hatte ich vor, es ihrem Chef zu erklären. Doch als ich dort ankam, wurde ich nur kurz durch ein nettes ‚Hallo, Isa!' begrüßt und sofort für anstehende Aufgaben eingeteilt. Bevor ich etwas sagen konnte, verschwand der Chef schon wieder. Ich fand das sehr lustig und dachte, dann bin ich heute eben Isa. Bis mich die Mitarbeiter darauf ansprachen, dass heute irgendetwas an mir anders aussähe. Da musste ich die Verwechslung aufklären. Der Chef nahm es mit Humor."

REKORDE

Die lustigen Verwechslungsepisoden werden auch durch die Zwillingsschwestern Luise und Kerstin bereichert: Sie machten sich bei einem Wettschwimmen in einer Badeanstalt ihren eigenen Spaß. Die eine der beiden startete nach dem Anpfiff und tauchte wenige Minuten später ab. Unterdessen wartete ihre Schwester bereits am Ziel. Der Spuk löste sich allerdings bald auf.

Über Sportliches berichtet auch Birgit:

„Als wir elf Jahre alt waren, erreichten wir bei einem Handballturnier das Finale. In der Halbzeit hörte ich, wie der Trainer unseres Gegners sagte: Die mit der Nummer zehn (das war ich) nehmt ihr jetzt zu zweit in Manndeckung."

Schnell lief Birgit zu ihrer Schwester und tauschte mit ihr das Trikot.

„Auf Reginas Position habe ich munter weiter meine Tore geworfen."

Keck sagte Regina zu den gegnerischen Spielerinnen:

„Die kann das wohl auch."

Bei sportlichen Wettkämpfen sollte man eben stets beide Zwillinge im Auge behalten.

WER IST'S GEWESEN?

Ob mit Verwechslungsspielchen oder nicht – Zwillinge halten zusammen wie Pech und Schwefel. Ramona und Michaela beispielsweise wurden im Kindergarten ständig von einem bestimmten Jungen geärgert. Eines Tages lockte die eine Schwester den Jungen unter einem Vorwand zu der anderen.

„Zusammen haben wir uns auf ihn gestürzt und ihn verhauen."

Von der besonderen Solidarität unter Zwillingen wissen alle betroffenen Eltern zu erzählen. So schreibt uns die Mutter der Zwillingsschwestern Birgit und Regina:

„Der Zusammenhalt der beiden seit frühester Kindheit macht mich bis zum heutigen Tage sehr glücklich."

So eine Solidarität kann für die Eltern allerdings auch eine Herausforderung sein. An einem verschneiten Wintertag wurden die Zwillingsmädchen zum Bäcker geschickt.

„Unterwegs sagte Regina zu Birgit, dass sie ihre Hornbrille nicht mehr leiden mag. Birgit nahm ihr die Brille von der Nase, warf sie in den Schnee und zertrat sie. Dies erfuhren wir allerdings erst, als die Mädchen erwachsen waren. Jahrelang kolportierten sie, dass Regina im Schnee ausgerutscht sei. Das nenne ich Zusammenhalt!"

Über solch einen Klassengeist erzählen uns auch Andrea und Diana. Andrea berichtet:

„Wir verstehen uns unheimlich, wenn es darauf ankommt. Ein Beispiel aus der Schulzeit: Es gab drei Jungs, die eine Klasse höher waren als wir. Zu jeder Pause wurden wir von denen gehauen und gehänselt. Zu diesem Zeitpunkt waren wir unzertrennlich. Jeder hat jeden beschützt."

Andrea wehrte sich einmal sogar so stark, dass sie deswegen beinahe von der Schule verwiesen wurde.

„Ich hatte einen Gipsarm und die Jungs ließen uns dadurch mehr oder weniger in Ruhe."

Wir sehen einmal mehr: Zwillinge stehen immer füreinander ein.

GEMEINSAM IST MAN
WENIGER ALLEIN

SEELENBEGLEITER

Als wir dieses Buch zu schreiben begannen, waren wir uns schnell einig, dass es zur Entschlüsselung der offenen Fragen über Zwillinge beitragen soll. Eine Frage, die uns immer wieder begegnet, ist die nach der Linkshändigkeit. Eine von uns schreibt mit der linken Hand, während die andere Rechtshänderin ist. Als seien wir zwei spiegelbildliche Seelen – eine ohne die Begleitung der anderen unvollständig.

So kam uns bereits früh die Vermutung zu Ohren, dass in der Wissenschaft darüber nachgedacht würde, Linkshänder ohne Zwillingsgeschwisterkind könnten einen Zwilling im Mutterleib gehabt haben, welcher im Verlauf der Schwangerschaft verschwand. Im Umkehrschluss würde das also bedeuten, dass es bei jedem Zwillingspaar einen Linkshänder und einen Rechtshänder geben müsse.

Das scheint kompliziert. Doch gehen wir der Sache auf den Grund. Bei der Befragung der Zwillingspärchen, welche uns bei der Entstehung dieses Büchleins mit Geschichten unterstützten, stellte sich heraus, dass nicht eines der Pärchen einen Linkshänder unter sich hat. Somit kann diese Vermutung also nicht stimmen. Oder etwa doch?

Befragen wir Zwillingsforscher Busjahn, wird es schließlich handfest. Nicht jedes Zwillingspärchen zählt einen Linkshänder und einen Rechtshänder. Bei eineiigen Zwillingen sei aber tatsächlich eine überdurchschnittlich hohe Rate an Linkshändern zu beobachten.

Eine weitere Beobachtung begegnet uns immer wieder auf unserer Recherchereise zu diesem Thema. Wir stoßen nicht nur einmal auf den Begriff des „Seelenbegleiters". Man weiß, dass Ungeborene während der ersten Monate den Mutterleib überraschend oft mit einem oder sogar mehreren Geschwistern teilen. Nicht alle entwickeln sich weiter. Doch was geschieht mit den „verlorengegangenen" Seelen? Wir möchten davon ausgehen, dass es sich bei einem Seelenbegleiter um einen Beschützer handelt, der seinem Schützling den Weg auf die Erde weniger beschwerlich gestaltet. Häufig verlieren die im Mutterleib verwaisten Schützlinge ihre Begleiter im Verlauf der Schwangerschaft, erklärt uns Frau Dr. Neumann. Im Fachjargon wird in diesem ja eigentlich tragischen Fall von einem verschwundenen oder verlorenen Zwilling gesprochen. Lange Zeit wusste man nichts von den kleinen Hütern. Erst mit der Erfindung des Ultraschalls offenbarte sich dieses Geheimnis.

Verursacht wird dieser Verlust vermutlich durch Schäden an den Chromosomen oder die fehlende Versorgung durch den überlasteten Mutterkuchen, so die Fachärztin weiter. Welche Auswirkungen dies auf den Schützling hat, kann nur erahnt werden.

Folgt man der Theorie des Psychoanalytikers Bert Hellinger, prägt der Verlust des Seelenbegleiters einen Menschen für das gesamte weitere Leben. So spielt „der tote Zwilling" in seiner Theorie eine zentrale Rolle und ist Erklärung für viele Verhaltensweisen. (Hellinger 2011)

Im Buch „Der verlorene Zwilling" erfahren wir, dass der Verlust eines Zwillingsgeschwisters Auslöser eines vorgeburtlichen Traumas sein kann. Dies macht sich nach Hellingers Theorie in späteren Jahren möglicherweise durch Unfälle, Krankheits- und Ohnmachtssituationen bemerkbar. Damit kann das Trauma das Leben in einem hohen Maße beeinflussen. Auch übersteigerte Verlustängste, Depressionen oder eine ausgeprägte Eifersucht könnten darauf zurückzuführen sein, dass ein Zwilling im Mutterleib gestorben ist.

Nach unserem Auftritt bei „Gottschalk live" bekamen wir viele Briefe und E-Mails – vor allem von Zwillingen, die derlei Thesen mit Erzählungen untermauerten. So erfuhren wir beispielsweise von den Zwillingsschwestern Cornelia und Ulrike. Beide wurden kurz nach der Geburt getrennt und wuchsen in völliger Unwissenheit über die jeweils andere in zwei unterschiedlichen Familien auf. Obwohl beide Schwestern dachten, dass sie Einzelkinder wären, berichtet Cornelia, dass sie innerlich stets unzufrieden war und sich unvollständig fühlte.

Wir sehen: Ob bereits im Mutterleib oder nach der Geburt – der Verlust eines Zwillings kann gravierende Auswirkungen auf den gesamten Lebensweg haben.

LEBEN OHNE DICH

Wir zwei können nur erahnen, wie schwerwiegend der Verlust eines Zwillings sein muss. Allein der Gedanke daran bereitet uns tiefen Schmerz. Und immer wieder beschäftigen wir uns mit der Frage: Wie erlebt ein Zwilling den Verlust des anderen?

Zwillingsforscher Busjahn weiß viel über Studien, die sich mit dieser Problematik beschäftigt haben.

> *„Im ‚Minnesota Twin Loss Project‘ untersuchten amerikanische Forscher insgesamt 65 verwaiste eineiige und zweieiige Zwillingsfrauen und -männer und stellten unter anderem fest, dass die Trauerintensität insbesondere bei den eineiigen Zwillingen höher war als bei anderen nahen Verwandten.“*

Oft war der Verlust des anderen Zwillings dramatischer als der eines „normalen“ Geschwisters:

> *„Manche Zwillingspaare stellen ihr ganzes Leben auf die Gemeinsamkeit ab, das kann bis zur gemeinsamen Wohnung gehen. In diesen Fällen stellt der Tod eines Zwillings das ganze Leben auf den Kopf. Die meisten Zwillinge sind aber durch ihre Bindungen in Familie und Freundeskreis nicht total aufeinander fixiert, ihr Leben wird zwar ärmer ohne den Zwilling, geht aber trotzdem weiter wie bisher.“*

Neben dem Verlust eines engen Vertrauten hat der Zwilling jedoch eine weitere Sorge zu tragen: die Angst, jetzt auch bald sterben zu müssen. Wenn so vieles im Leben geteilt wurde, dann erwartet der Zwilling oft unbewusst oder bewusst, dass auch die Lebensspanne die gleiche ist.

Doch stimmt es tatsächlich, dass nach dem Tod eines Zwillings der andere auch bald stirbt? Busjahn relativiert:

> *„Die Lebensdauer hat eine genetische Komponente, dies betrifft logischerweise die Lebensspanne bis zu einem ‚natürlichen‘ Tod. Auch Krankheiten mit Todesrisiko wie Herzinfarkt oder Schlaganfall sind durch Gene beeinflusst, eineiige Zwillinge teilen dieses Risiko. Andere Erkrankungen wie die meisten Krebsarten treten nicht allzu häufig bei beiden Zwillingen auf, die Lebensspanne kann sich dadurch deutlich unterscheiden. Dies gilt auch für Infektionskrankheiten, Unfälle und viele weitere Erkrankungen.“*

Ein schlimmes Schicksal widerfuhr vor vielen Jahren Dieter aus Berlin. Ihn lernten wir während unserer Fahrschulzeit als Fahrlehrer kennen und kamen dabei, wie so oft, auf das Thema „Zwillinge" zu sprechen.

Zu diesem Stichwort erzählte er uns eine sehr traurige Geschichte, denn er hatte mit 19 Jahren bei einem Autounfall seinen Zwilling verloren. Durch diesen Verlust nahm er Kontakt zu anderen verwaisten Zwillingen auf. Von all diesen Zwillingen wurde die Trauer beim Tod des Zwillingsgeschwisterkindes als sehr schwer beschrieben.

Luise und Kerstin können diesen Schmerz nachempfinden. Auch in ihrem Bekanntenkreis verlor ein Zwillingsbruder seinen Zwillingspartner. Die größte Veränderung für den zurückgelassenen Zwilling war das Alleinsein.

So musste er sich nach dem Verlust des Bruders ganz neu finden und seine Rolle als Einzelperson definieren.

„Es vergeht kein Moment, in welchem er nicht an seinen Bruder denkt. Beide haben viel miteinander erlebt und sich perfekt ergänzt. Der Verlust ist für ihn nur schwer zu verkraften."

Nicht allein durch diese Beschreibungen wird deutlich, was Andreas Busjahn wie folgt erklärt:

„Der Verlust eines Zwillings scheint ein traumatischer Wendepunkt im Leben des zurückbleibenden Geschwisterkindes zu sein. Insbesondere eineiige Zwillinge leiden sehr unter solch einer Erfahrung. Dabei scheint es überhaupt nicht von Bedeutung zu sein, ob der Verlust in frühen oder späten Jahren eintritt. Entsteht bei einigen Zwillingen ein Gefühl der Unvollständigkeit, so führt der Verlust bei anderen zu einer zwanghaften Bindung zum verlorenen Zwilling bis hin zu einer Depression."

Die eineiigen Zwillinge Birgit und Regina schreiben uns:

„Wenn eine von uns vor der anderen gehen müsste, dann würde für die andere eine Welt zusammenbrechen. Heute sagen wir, dass wir das nie verkraften würden."

Sie erzählen uns von einem eineiigen Zwillingspaar, das vor nicht allzu langer Zeit bei einem Verkehrsunfall tödlich verunglückte. Dabei kam den Schwestern nur ein Gedanke:

„Zusammen geboren und zusammen gestorben."

Und sie fügen an:

„Das Positive, was wir darin gesehen haben, ist, dass den beiden eine schlimme Trauer um den anderen erspart blieb."

In den Briefen der Liselotte von der Pfalz, die sich viele Jahre am französischen Königshof aufhielt, wird die Geschichte eines solchen Verlusts geschildert.

So erfahren wir es aus der Literatur von Carl Künzel. Am 3. Februar 1697 schrieb Liselotte ihrer Tante, der Kurfürstin von Hannover, aus Versailles folgende Zeilen:

Vergangenen Mittwoch morgens und Dienstag spät seind zwei Brüder zu Paris gestorben, so Zwillinge waren und einander glichen wie zwei Tropfen Wasser. Man hieß sie Messieurs de Bocquemar; der eine war Präsident des Parlaments, der andere Gardehauptmann und Gouverneur zu Bergen. Diese zwei Brüder haben einander so herzlich liebgehabt, daß sie nicht ohne einander haben bleiben können, schliefen allzeit beisammen und konnten nicht lustig noch zufrieden sein, sie waren denn beisammen, auch so daß man versichert, daß, wie sich der Präsident geheiratet hat, hätte er die erste Nacht nicht ohne seinen Bruder schlafen können, hat ihn mit ins Bett genommen. Wenn einer krank wurde, wurde der andere auch krank. Vergangenes Jahr, als der eine in seinem Gouvernement zu Bergen, der andere aber in Paris war, rührt den zu Paris der Schlag, in demselben Augenblick wurde der zu Bergen ohnmächtig und war gar lang, bis er wieder zu sich selber kam und alle die Zeit, bis sein Bruder wieder zurecht kam (denn man hat die Stunde observiert); endlich seind sie auf einen Tag krank worden von derselben Krankheit und sechs Stunden nacheinander gestorben, welches doch eine starke Sympathie ist. Sie waren zwischen 69 und 70 Jahre alt und haben all ihr Leben ganz einig gelebt und nur einen Willen gehabt. (Künzel 2014, S. 189)

Dieser anrührende Bericht zeigt einmal mehr, wie stark Zwillinge einander verbunden sind.

Offenbar haben sich bisher die wenigsten der von uns befragten Zwillinge mit dem Thema Tod auseinandergesetzt. Wie etwa Louis und Axel, die eineiigen Zwillingsbrüder aus der Schweiz:

„So alt sind wir ja noch nicht, dass wir uns darum scheren würden."

Den Tod des Bruders würden sie ebenso schlimm finden wie jeden anderen Trauerfall in der Familie. Zu der Tatsache, dass in einigen Fällen Zwillinge kurz nacheinander diese Welt verlassen, schreiben sie uns:

„Ob das jetzt genetisch bedingt ist, wissen wir nicht. Zwillinge sind ja in vielerlei Hinsicht miteinander verbunden."

Die eineiigen Zwillinge Sebastian und Stefan sind der Auffassung, dass der Tod des Geschwisters gerade bei Zwillingen, die zusammenleben, dramatische Folgen haben kann. Dies gilt wohl besonders dann, wenn es keine weiteren Menschen gibt, die dann Unterstützung anbieten. Ramona schreibt uns:

„Ich kann mir nicht vorstellen, wie es ohne meine Zwillingsschwester ist. Ein Zwilling ist schließlich der, den man am längsten in seinem Leben kennt."

Die beiden eineiigen Zwillingsgeschwister Ramona und Michaela waren bisher nie länger als zwei Wochen voneinander getrennt.

Wie existenziell der Verlust des Zwillingspartners ist, erkannten schon die Yoruba, jenes nigerianische Volk, in dem es so viele Zwillinge gibt. Sie glauben daran, dass die Seele der Zwillingsgeschwister unteilbar ist. Im Falle des Todes eines Zwillings wird für dessen Seele eine neue Heimstätte gesucht. Eine für die Familie angefertigte kleine Holzfigur dient als Ersatz für den Verstorbenen. Die Figur erhält Kleider und Schmuck, wird gesalbt, gewaschen und an die Brust gelegt. Sie erhält denselben Status wie das lebende Kind. (Vgl. Eberhard-Metzger 1998, 7 f.)

Auch wenn dieses Ritual der Yoruba eine gewisse Hoffnung und Wärme in uns auslöst – für uns wäre ein Leben ohne den anderen nicht denkbar. Wir fragen uns sehr oft: Was hat sich der liebe Gott dabei gedacht, zwei Menschen als eine Einheit zu schaffen? Sind wir nicht wie eine linke und eine rechte Seite, die nur in der Gemeinsamkeit ein Ganzes bildet?

Wir finden, der französische Psychologe René Zazzo bringt es sehr schön auf den Punkt:

„Das ist wie ein Paar Handschuhe, wo der eine ohne den anderen bedeutungslos ist." (Zazzo 1986, 35)

IST DER ERSTGEBORENE IMMER DER

DOMINANTE ZWILLING?

Oft begegnen wir der Frage, ob der erstgeborene Zwilling den zweitgeborenen dominiert. Oder es wird allgemeiner gefragt, ob der Erstgeborene – allein aufgrund der Tatsache, dass er eher als sein Geschwister das Licht der Welt erblickte – eine Art Sonderstellung einnimmt.

Gewinnt der ältere Zwilling damit möglicherweise sogar mehr Freiheiten oder andere Vorteile im Leben?

Und fühlt sich der zweitgeborene Zwilling gegenüber dem erstgeborenen benachteiligt?

Zu diesem Thema hat sicherlich jedes Zwillingspaar einige Anekdoten zu bieten.

Werner weiß aus seinen eigenen Erfahrungen mit der zweieiigen Zwillingsschwester, dass die Erstgeburt auf Lebenszeit Wirkung ausübt. So fühlt sich der zweitgeborene Zwilling seiner Meinung nach latent benachteiligt. Dies äußert sich sowohl im Alltag als auch im Beruf. Infolgedessen fühlte sich Werner als Zweitgeborener gegenüber seiner Zwillingsschwester bis zum Abitur leistungsmäßig und körperlich stets benachteiligt, was in den Jahren zu ständigen Rivalitäten führte.

Ähnliches beobachtete der Zwillingsvater viele Jahre später auch bei seinen eineiigen Zwillingsmädchen.

> *„Es besteht bis heute ein Konkurrenzverhältnis. Es wird alles miteinander verglichen: Sei es die aktuelle Lebenssituation – beruflich oder privat. Manchmal geht es auch einfach nur um Äußerlichkeiten. Ich erinnere mich daran, als die beiden mit vier Jahren Masern hatten und darüber konkurrierten, wer schlimmer oder gruseliger aussieht."*

Die Vergleiche nahmen in den Jahren des Erwachsenwerdens keineswegs ab. Selbst 80 Kilometer, die beide Schwestern heute voneinander trennen, hindern sie nicht daran.

> *„Da Miriam und Sabine verschiedene Allergien und Asthma haben, diskutieren sie oft darüber, bei wem es gerade schlimmer ist. Und natürlich sind sie immer der Ansicht, dass es bei einem selbst am schlimmsten ist."*

Besonders ausgeprägt war dieses Konkurrenzdenken bei Werners Töchtern allerdings in der Schulzeit. Da beide dieselbe Klasse besuchten, verglichen sie ihre Leistung ständig miteinander, obwohl diese fast identisch war. Sie beobachteten genau, was eine sagte, wenn sie sich zu Wort meldete. Bei Klausuren war es ähnlich. Daher entstand auch gleichzeitig ein enormer Leistungsdruck, immer die bessere sein zu wollen. Das nahm erst ab, als die beiden aufs Gymnasium wechselten und getrennte Klassen besuchten.

Ein auftretendes Konkurrenzverhältnis zwischen Zwillingsgeschwistern scheint demnach kein seltenes Phänomen zu sein. Aber ist deswegen der Erstgeborene tatsächlich auch gleichzeitig der Dominantere?

Aktuelle Studien scheint es nicht zu diesem Thema zu geben. Auf der Suche in den Bibliotheken stoßen wir jedoch auf den Psychologen Zazzo. In seiner Forschung versuchte er die Einflussfaktoren zu ermitteln, die auf die Gestaltung der Dominanzverhältnisse einwirken. Dazu prüfte er bei 62 eineiigen und 108 zweieiigen Zwillingspärchen die Effekte biologischer Faktoren sowie familiärer Strukturen.

Beschäftigen wir uns zunächst mit den Unterschieden im Geburtsgewicht, also der körperlichen Dominanz. Bei Zwillingsjungen liegt die Diskrepanz bei durchschnittlich 300 bis 350 Gramm, während es bei Zwillingsmädchen etwa 230 Gramm sind. Dabei ist es irrelevant, ob es sich um eineiige oder um zweieiige Zwillinge handelt. Für die späteren Dominanzverhältnisse spielt das Geburtsgewicht somit überhaupt keine Rolle.

Weiter geht es mit der Frage nach der Rechts- und Linkshändigkeit und ihrem Einfluss auf die Dominanzverhältnisse. Auch hier: Fehlanzeige. Obwohl die Händigkeit möglicherweise einen Einfluss auf die Selbst- oder Weltwahrnehmung hat, ist damit nichts über Dominanz ausgesagt. (Zazzo 1986, 34–37)

Aber was ist es dann? Und wie steht es mit der Sonderstellung für Erstgeborene? Auffällig ist, wie wir aus der Literatur von der Kinderärztin Elizabeth Bryan erfahren, dass der oder die Erstgeborene in vielen Kulturen einen höheren Stellenwert zugeschrieben bekommt. So gaben die Zulu, eine afrikanische Volksgruppe, in früherer Zeit beispielsweise nur dem erstgeborenen Zwilling einen Namen. Bei gemischtgeschlechtlichen Zwillingen war es eine andere Vermutung, die in dieser Volksgruppe vorherrschte. Da das Zwillingspaar bereits in der Gebärmutter miteinander verheiratet gewesen sei, würde dieses auch in späteren Jahren den Bund der Ehe miteinander beschließen.

In anderen afrikanischen Völkern und bei amerikanischen Indianerstämmen hatte es der oder die Zweitgeborene schwer. Erblickte ein Zwillingspaar das Licht der Welt, wurde entweder dem Zweitgeborenen, in manchen Fällen aber auch beiden Kindern, das Leben genommen. In einigen Völkern gingen die Behauptungen über den zweitgeborenen Zwilling sogar so weit, dass man dessen Entstehung nur durch Ehebruch oder dem Einfluss eines bösen Geistes zu erklären vermochte. Gemischtgeschlechtlichen Zwillingen kreidete man in einigen Völkern einen Inzest im Mutterleib an. So wurden diese ebenfalls sofort nach der Geburt getötet.

Wer jetzt sagt, dies seien Belege aus längst vergangener Zeit, der irrt. Auch heute genießen Erstgeborene in einigen Ländern mehr Vorzüge im Hinblick auf das Erbrecht. Wird jedoch der Begriff der Erstgeburt bei Zwillingen nicht schnell bedeutungslos, wenn zwischen den Geburten nur Minuten oder Stunden liegen und wenn man sich vor Augen führt, dass eineiige Zwillingskinder immer demselben Ursprungsei entspringen, also auch niemand zuerst „da war"?

Mitnichten, denn Zazzo stellte fest: Bei fast 70 Prozent der untersuchten männlichen Zwillingspaare war der Erstgeborene dominant. Bei den weiblichen Zwillingspaaren hingegen verteilte sich das Dominanzverhältnis nahezu gleich. So wurden weniger als die Hälfte der älteren Schwestern von den jüngeren dominiert, während bei den restlichen weiblichen Zwillingspaaren die dominantere Schwester gleichzeitig die erstgeborene war.

Das ist interessant. Den Blick auf uns gerichtet können wir für uns nicht feststellen, dass die erstgeborene gleichzeitig die dominantere Schwester ist. Von jeher ist es bei uns so, dass wir uns gegenseitig aufbauen, ja sogar als Pendel fungieren. Bewegt sich die eine, so bewegt sich die andere auch. Keine von uns ist dominant oder tonangebend. Eine Rivalität oder ein Konkurrenzverhältnis gibt es zwischen uns nicht. Aber was sagen die von uns befragten Zwillinge? Auf die Frage nach dem Verhältnis zwischen ihr und ihrer eineiigen Schwester antwortete uns Dora:

„Bei uns trifft das mit der Dominanz der Erstgeborenen meiner Meinung nach nicht zu."

Allerdings meint sie auch:

„Ich glaube, der Charakter wurde bei uns erst in der Jugendzeit ausgeprägt und gefestigt."

Die Unterschiede in der Entwicklung des Charakters kämen demnach durch die unterschiedlichen Freundes- und Bekanntenkreise:

„Während meine Schwester sehr dominante, erfolgsorientierte Freunde hatte, habe ich mich eher in einem harmonischen Kreis aufgehalten, wo jeder gleichberechtigt war und den anderen in jeglicher Form unterstützt hat."

Noch heute ist es Dora, die viel Rücksicht nimmt und harmoniebedürftig, anpassungsfähig und respektvoll ist. Während Sabrina, die schon Mann und Familie hat, den Ton angibt.

„Ich behaupte, dass meine Schwester bereits im Bauch sehr dominant war, sonst hätte sie mich nicht zwei Monate zu früh rausgestoßen. Sie war wesentlich schwerer als ich."

Es gibt auch Zwillinge, bei denen sich die Vermutung zur Dominanz bestätigt: So ist es beispielsweise die erstgeborene Birgit, die in allen Belangen – ob Krabbeln oder Laufen – ihrer eineiigen Zwillingsschwester Regina in der Entwicklungsphase einen Schritt voraus war. Genau sechs Wochen trennten die beiden Schwestern in den markanten Entwicklungsschritten.

„Regina hatte eher Angst vor etwas Neuem, während ich alles direkt beim Schopf gepackt habe. Bis zum heutigen Tage bin ich die Dominantere, bei einem gemeinsamen Zahnarzttermin zum Beispiel möchte ich immer zuerst hineingehen."

Was allerdings das Durchsetzungsvermögen angeht, stehen beide Schwestern mittlerweile auf einem Level. So passt man sich eben an.

Und auch die Rollenwahrnehmung scheint sich bei einigen Zwillingen im Laufe der Zeit anzugleichen. Manchmal ändert sie sich sogar komplett.

So wie bei den zweieiigen Zwillingen Lena und Isa. Bei ihnen ist die erstgeborene Lena ein wenig dominanter als ihre Schwester. Lena erzählt uns:

„Wobei das anfangs andersherum war. Das hat sich dann in der Pubertät geändert. Isa ist zurückhaltender und betrachtet ihr Gegenüber und ihre Umgebung erstmal genauer, bevor sie sich öffnet. Ich hingegen bin offen und plappere einfach drauf los."

Das zeigt sich bei den eineiigen Zwillingsbrüdern Axel und Louis ein bisschen anders. Louis schreibt über sich und seinen erstgeborenen Bruder Axel:

„Ich würde jetzt nicht sagen, dass einer von uns dominiert. Ich heiße Louis, mein Bruder Axel. Klar wird Axel meistens zuerst erwähnt."

Den Grund dafür sieht Louis im Anfangsbuchstanden A.

„Es ist eigentlich auch immer von Axel und Louis die Rede und nicht von Louis und Axel, aber deswegen fühle ich mich nicht benachteiligt. Axel und Louis klingt ja auch besser als umgekehrt."

Wenn es allerdings um das Auftreten geht, ist Louis derjenige, der öfter mal das Wort ergreift. Gewiss kommt das auch immer auf die Situation an:

„Ich bin eher der Typ, der mal den ersten Schritt macht und ein bisschen Schwung in den Alltag bringt."

Auch bei den eineiigen Zwillingspaaren Ramona und Michaela sowie bei Greta und Melissa sind es die zweitgeborenen, jüngeren Geschwister, welche den Ton angeben. Greta meint:

„Ich war der ‚Chefmann‘ und bestimmte, was wir spielen."

Im Laufe der Zeit habe sich das aber normalisiert:

„Wir sprechen uns jetzt ab."

In Anbetracht der bis hierhin gesammelten Ergebnisse kann man nur zu einem Schluss kommen: Es gibt keine Antwort auf die Dominanzfrage. Zwillingsforscher Busjahn sieht das ganz genauso:

„Hierzu gibt es meines Wissens nach keine verlässlichen Daten. Historische Berichte sehe ich kritisch. Hier vermute ich teilweise eine familiäre Legendenbildung: Das Neugeborene, das am aktivsten ist oder am lautesten schreit, wird als das Erstgeborene gesehen. Es gibt aber Hinweise darauf, dass die Geburtsrisiken für

den Zweitgeborenen größer sind, durch Sauerstoffmangel oder Traumata könnte es zu Beeinträchtigungen des Gehirns kommen, die zu Unterschieden auch der Persönlichkeit führen."

Das alles sei bis heute nicht ausreichend erforscht.

DAS GEISTIGE BAND

Am spannendsten finden es die Menschen, wenn es um ganz skurrile Geschichten über das Leben eines Zwillings geht. Und wovon handeln diese Erzählungen? Von unglaublichen Begebenheiten, magischen Fähigkeiten und dem sechsten Sinn zwischen Mehrlingsgeschwistern.

Für diese Ebene, die wir „das geistige Band" nennen, haben wir eine ganz besondere Begebenheit zu erzählen:

Wir Schwestern hatten uns relativ zeitgleich mit der Idee einer Schwangerschaft angefreundet. Auslöser hierfür war sehr wahrscheinlich die Geburt unserer Nichte, der Tochter unserer älteren Schwester. Mit diesem Geschenk manifestierte sich in unserer ganzen Familie ein Gefühl des Glücks, der Zufriedenheit und Wärme. Nicht, dass unser Familienleben zuvor weniger herzlich und innig gewesen wäre. Vielmehr stellte sich mit der Geburt ein Gefühl der Vollkommenheit ein.

Eines Morgens erwachte Antonia mit dem nicht selten in einer Schwangerschaft eintretenden Gefühl der Übelkeit. Nach der Devise „Nur keine Panik aufkommen lassen" lebte es sich bis zu dem Termin der ersten Schwangerschaftsuntersuchung relativ normal. Stellten sich auch allmählich immer mehr Anzeichen ein, die auf eine Schwangerschaft deuteten, so musste dennoch eine gewisse Zeit überbrückt werden. Der Tag aller Tage kam, endlich war es so weit, ein Arztbesuch sollte Gewissheit bringen. Was sich jedoch herausstellte, war die Klarheit darüber, dass keine Schwangerschaft bei Antonia festzustellen war.

Dieser Umstand irritierte nicht nur uns Schwestern, sondern die gesamte Familie sehr. Vor allem, weil sich in den Tagen zuvor so viele Anzeichen und Merkmale dafür erkennen ließen. Doch lebten wir unser Leben nach diesem Befund erst einmal ganz normal weiter.

Nur wenige Tage später erfuhren wir etwas, was uns bis heute bewegt. Nach einem Arztbesuch von Barbara wurde nunmehr ihr eine Schwangerschaft bestätigt. Der Beginn dieser konnte genau für den Zeitpunkt errechnet werden, an welchem sich bei Antonia alle Schwangerschaftsanzeichen bemerkbar gemacht hatten.

Es geht aber noch weiter: Als Geburtstermin wurde genau unser Geburtstag errechnet. Noch nicht wunderlich genug? Wir haben noch weitere übersinnliche Details zu bieten. Die volle Schwangerschaft wurde von beiden Zwillingsschwestern durchlebt. In einigen Fällen setzten die Symptome sogar bei der schwangeren Barbara gänzlich aus, während Antonia diese in doppelter Form durchlebte. Sogar die Vergesslichkeit und der häufige Harndrang wurden schwesterlich geteilt. Eben das Gesamtpaket der Schwangerschaft. Bei werdenden Vätern hat diese Symptomatik sogar einen medizinischen Namen: Couvade-Syndrom. Bei uns Zwillingen zeigten sich diese Symptome in einer sehr ausgeprägten Form.

Um drei Uhr am Morgen des 7. August 2012 platzte letztendlich Barbaras Fruchtblase und die Geburt des kleinen Glücks nahm ihren Lauf. Ein Anruf bei der Schwester war jedoch nur reine Formsache. Diese stand bereits fertig angezogen und abfahrbereit am Telefon. Denn selbst das Ende der Schwangerschaft wurde zusammen gefühlt. Nichts anderes kann nach der vorangegangenen Geschichte noch überraschen. Auch nicht, dass Barbara einige Jahre später in ähnlicher Weise die Schwangerschaft von Antonia miterlebte.

Ein Einzelfall, vermuten Sie vielleicht. Mitnichten. Von den Zwillingsschwestern Lena und Isa kann man Ähnliches erfahren. Auch Isa konnte einige Schwangerschaftsanzeichen der werdenden Mama Lena fühlen. Letztere schreibt uns:

„Als ich 2014 schwanger war und meine Zwillingsschwester nicht, hat sie auch einige Symptome gehabt, nur in abgeschwächter Form. Genauso, wie wenn eine von uns krank ist, dann hat die andere auch leichte Symptome, obwohl sie gesund ist.“

Und auch Zwillingsvater Werner bietet eine lustige Anekdote zum Thema Schwangerschaft. So habe seine Tochter Miriam während der Schwangerschaft ihrer Zwillingsschwester Sabine ebenfalls drei Kilo zugenommen.

Ramona berichtet uns von einem Vorfall, der weniger mit Schwangerschaft und Übelkeit zu tun hat, unserem Beispiel des inneren und tiefen Bündnisses zueinander jedoch in nichts nachsteht. Ihrer eineiigen Zwillingsschwester Michaela waren bei einer Operation die Weisheitszähne entnommen worden. Ramona hatte die Zeit während dieser OP in der Schule verbracht, sich auf die Worte ihrer Lehrer konzentriert und sich mit ihren Mitschülern beschäftigt. Auch wenn sie den Zeitpunkt der OP nicht wusste, verspürte sie dennoch von Anfang an die Zahnschmerzen ihrer Schwester und konnte ihr auch im Nachhinein genau die Zähne bzw. Stellen aufzeigen, an welchen die Operation besonders schmerzhaft gewesen sein musste.

Eine ähnlich rätselhafte OP-Geschichte erzählt uns ein Zwillingsvater. Aufgrund einer Mandeloperation lagen seine Zwillingstöchter zur selben Zeit im selben Krankenhaus. Während Zwillingstochter Judith bereits operiert wurde, bereitete man Zwillingstochter Jana erst auf den geplanten Eingriff vor. Doch die Harmonie sollte schnell vorbei sein. Von einem Moment zum anderen fing Jana an zu schreien, über Halsschmerzen und einen Blutgeschmack im Mund zu klagen.

Doch war es nicht sie, die diese Prozedur zu dieser Zeit erleiden musste, sondern ihre Schwester.

Oder nehmen wir eine dramatische Geschichte von Dirk und Maurice, von der wir aus einer anderen Einsendung erfahren. Auch wenn die Zwillingsbrüder in unterschiedlichen Firmen und noch dazu in verschiedenen Berufen arbeiteten, verletzten sie sich trotzdem am selben Tag bei einem Arbeitsunfall die Hand. Einziger Unterschied: Während sich Maurice den Unfall mit einer Hobelmaschine an der linken Hand zuzog, war es bei Dirk ein Bohrer, mit der er sich seine rechte Hand verletzte. Kann das alles Zufall sein?

Ebenfalls kurios ist die Geschichte aus dem Leben der eineiigen Zwillingsschwestern Luise und Kerstin. Wie uns Letztere berichtet, ist ihr vor einigen Jahren beim Essen ein Stück ihres Backenzahnes abgebrochen. Nur wenige Stunden später ereignete sich ein sehr ähnliches Geschehen bei ihrer Schwester Luise.

Das Wunderliche dabei: Es handelte sich um genau den gleichen Zahn. Auch die Abbruchstelle gestaltete sich nach Aussage des Zahnarztes in beiden Fällen so ähnlich, dass sie dieses Ereignis bis heute als eine der schrillsten Geschichten ihres Zwillingsdaseins in Erinnerung behalten.

Und damit stehen sie nicht allein. Auch Regina und Birgit bieten uns faszinierende Details hinsichtlich eines Zahnverlustes. Genauer gesagt eines Milchzahns. Birgit erzählt uns, dass ihr in der Kindheit ein Milchzahn verlorenging. Zur selben Zeit ereignete sich das Gleiche auch bei ihrer Schwester Regina – dabei handelte es sich um den gleichen Zahn an genau der gleichen Stelle. Mit diesem Umstand schafften es die beiden Schwestern sogar in die örtliche Zeitung. Darin hieß es:

„Bis zu den Zahnlücken gleichen sich die Zwillinge Regina und Birgit."

An Zahngeschichten mangelt es unseren Zwillingen wahrlich nicht. Isas Zwillingsschwester Lena fällt eine schöne Episode dazu ein:

„Also es ist ja nicht so, dass wir die Zähne voller Plomben hätten. Doch jede von uns hat eine. Bei der einen rechts und bei der anderen links unten. Eines Tages saßen wir kaugummikauend im Bus, als Isa plötzlich rief: ‚Oh shit, meine Plombe ist raus!' Ich hab' so gelacht darüber, und keine zwei Minuten später war meine auch raus."

Solch eine Erfahrung scheint für Zwillinge schon fast Normalität zu sein – und so schreibt Lena am Ende dieser Geschichte:

„Typisch Zwillinge eben!"

Das geistige Band macht sich nicht nur bei gesundheitlichen Problemen bemerkbar, sondern auch bei anderen wesentlichen Ereignissen. Und erst recht, wenn es um Leben oder Tod geht. Vor vielen Jahren lag die geliebte Tante von Regina und Birgit im Sterben.

„In dem Moment, in dem ich versuchte, Regina anzurufen, versuchte sie auch, mich zu erreichen. Natürlich waren unsere Leitungen besetzt und es brauchte einige Anläufe, bis wir uns die traurige Neuigkeit erzählen konnten."

Beide Schwestern hatten umgehend das Bedürfnis, in die Heimatstadt zu fahren, obwohl sie weit weg – damals noch in England – lebten.

Die besondere Verbindung von Zwillingen kennen auch Lena und Isa. Lena erzählt:

„Ja, da gibt es definitiv ein geistiges Band zwischen uns. Es gibt sehr viele Situationen in unserem Leben, die das beweisen. Oft müssen wir nicht sprechen, um zu wissen, was der andere denkt oder fühlt. Es kommt sogar manchmal vor, dass wir in der Nacht den gleichen Traum haben und uns zufällig davon erzählen."

Das überrascht uns nicht, denn das schöne Phänomen der Traumverbundenheit kennen wir und auch andere.

Apropos Traum. Einen gemeinsamen „Traum" teilten auch die Brüder Kai und Michael: einen Auslandsaufenthalt in Amerika. So jedenfalls erzählt uns das ihre ältere Schwester Doreen. Zwei Zwillingsbrüder, 17 Jahre alt, jung, hübsch und aufgeschlossen, stürzten sich ins Abenteuer – allerdings nicht zusammen. Das erste Mal waren sie getrennt. Während der eine für ein Jahr in Oklahoma lebte, sammelte der andere seine Erfahrungen in Minnesota. Nach vier Monaten voller Einsamkeit fassten beide im nahezu selben Moment den Entschluss, den jeweils anderen besuchen zu fahren. Doch damit nicht genug: Während Kai das Telefon in die Hand nahm, um seinem Bruder die freudige Botschaft zu überbringen, klingelte bereits das Telefon und Michael berichtete von seinen Plänen.

Diese Geschichte können wir gut nachvollziehen: Während Antonia viele Monate in Hever, Kent, lebte, arbeitete Barbara währenddessen in Uckfield, East Sussex. Als wir eines Tages einen Überraschungsbesuch bei der jeweils anderen Schwester planten und uns vorher nicht darüber absprachen, reiste Antonia zu ihrer Schwester Barbara nach Uckfield, während diese bereits auf dem Weg nach Hever war. Das Lustige dabei: Unsere Gastfamilien überraschte dies in keiner Weise, waren sie doch bereits nach kurzer Zeit an solch bizarre Geschichten von uns Zwillingsschwestern gewöhnt.

Zum geistigen Band seiner Zwillingstöchter befragt, erzählt uns Zwillingsvater Werner:

> *„Als Sabine im Auslandssemester in Valencia war, kaufte sie sich am selben Tag wie Miriam in Marburg einen grünen Pullover. Und eine Freundin der beiden berichtete mir, dass, als sie im Kino zwischen Miriam und Sabine saß, die beiden immer im selben Moment dasselbe sagten."*

Woher aber kommt dieses außergewöhnliche Band unter Geschwistern? Aus den Briefen, die uns zu diesem Thema erreichten, erfahren wir etwas sehr Interessantes. Das Bauchgefühl, dieses Gespür für den anderen Zwilling, kann möglicherweise mit Nervenzellen in bestimmten Gehirnarealen in Verbindung stehen. Die sogenannten Spiegelneuronen sind es, die unser Verhalten steuern und zum seelenvollen Empfinden beitragen. Zwillingsforscher Busjahn erklärt eine vorherrschende Annahme am „Phänomen der verschränkten Teilchen", welches man aus der modernen Quantenphysik kennt:

„Wenn man ein Elementarteilchen spaltet und von einem der beiden Teilchen die Eigenschaften ändert, nimmt auch das andere Teilchen die veränderten Eigenschaften an, selbst, wenn es ganz woanders ist und kein messbarer Kontakt zwischen beiden besteht. Jetzt kann man darüber nachdenken, ob in dieser Weise eineiige Zwillinge nicht doch ‚auf einer Wellenlänge liegen'. In einem ähnlichen quantenphysikalischen Feld sozusagen."

Bei unseren eineiigen Zwillingen Louis und Axel könnte diese Erklärung ohne Zweifel zutreffen. Sie erzählen:

„Im Vergleich zu unseren vier weiteren Geschwistern würden wir schon sagen, dass wir zueinander eine besondere Verbindung haben."

Die beiden Brüder sind sich sehr sicher, dass jeder Zwilling dieses Gefühl kennt.

„Wir denken und ticken eben gleich."

Untrügliche Gefühle, wie sie Axel und Louis beschreiben, sind allerdings wissenschaftlich schwer zu belegen. Wir behaupten trotzdem, dass solch ein geistiges Band besteht. Denn wie sonst ist es zu erklären, dass wir unabhängig voneinander dasselbe schreiben und denken? Wie ist es möglich, dass wir trotz kilometerweiter Entfernungen dieselben Krankheiten bekommen? Gibt es eine Erklärung dafür, dass der eine Zwilling schon vor dem anderen dessen Gemütszustand an einem bestimmten Tag voraussehen kann?

FASZINATION UND INSPIRATION

SPIEGLEIN, SPIEGLEIN AN DER WAND

Wir Zwillingsschwestern sahen uns in unserer Kindheit so ähnlich, dass unsere Mutter uns manchmal nicht auseinanderhalten konnte. Doch erkannte sie bereits in frühen Jahren Unterschiede, die sie sehr faszinierten:

> *„Meine Zwillinge tragen seit jeher ihren Scheitel entgegengesetzt und winken zur Verabschiedung mit gegensätzlichen Händen. Außerdem schrieb Antonia in der Schule mit der linken Hand, während Barbara die rechte Hand bevorzugte. Eine besonders auffällige Asymmetrie zeigt sich jedoch in der Sehschärfe meiner Mädchen. Nahm der Dioptrienwert an Antonias linkem Auge mit zunehmendem Alter immer weiter ab, so nahm der Wert an Barbaras rechtem Auge im gleichen Maße zu."*

Angesichts derartiger Beobachtungen begegnen wir nicht selten der Frage nach sogenannten Spiegelzwillingen. Doch was genau ist unter diesem Begriff zu verstehen?

Die Amerikaner, die dazu bereits sehr viel mehr geforscht haben, als das im deutschen Sprachraum der Fall ist, sprechen bei diesem Phänomen von „Mirror Image Twins". Diese Zwillinge sehen sich im Grunde so ähnlich wie andere eineiige Zwillinge auch – mit dem einzigen Unterschied, dass der eine das Spiegelbild des anderen ist.

Doch wie lässt sich dieses Phänomen erklären? Zwillingsforscher Busjahn, zu dieser Spiegelung befragt, erklärt Folgendes:

> *„Alle Menschen sind mehr oder weniger asymmetrisch. Besonders deutlich ist das beispielsweise bei Haarwirbeln und Hautstörungen wie Leberflecken. Legt man Fotos von Zwillingen übereinander, so findet man also immer mehr oder weniger deutliche Abweichungen. Interessanterweise werden bei einigen Zwillingspaaren die Unterschiede jedoch kleiner, wenn man eines der Bilder spiegelt."*

Gestaltet sich der Blick in den Spiegel für diese Zwillinge damit nicht völlig konfus? Busjahn weiter:

> *„Brauchen eineiige Zwillinge im Schnitt drei Monate länger als andere Geschwister, um ihr Bild in einem Spiegel als ‚Singleton' oder nicht eineiigen Zwilling zu erkennen, könnte dieser Prozess bei spiegelbildlichen Zwillingen sogar noch länger dauern und noch verwirrender sein. Denn wenn sich ein ‚Mirror-Image'-Zwilling im Spiegel sieht, sieht dieser tatsächlich eine genaue Nachbildung des Zwillings."*

Ganz unproblematisch ist das für einen Spiegelzwilling nicht, denn die Findung der eigenen, separaten Identität ist damit möglicherweise schwieriger und kann zu einem geringeren Selbstwertgefühl beitragen. Für die Außenwelt ist es jedoch einfacher, einen Spiegelzwilling von einem eineiigen Zwilling zu unterscheiden. Busjahn erklärt:

> *„Die differenzierenden Eigenschaften sind ja auf entgegengesetzten Seiten des Körpers und schaffen damit wunderbare Unterscheidungsmerkmale."*

Ob Spiegelzwillinge unterschiedlichere Persönlichkeiten als eineiige Zwillinge haben, kann der Berliner Zwillingsforscher nicht beantworten. Was er jedoch sicher weiß: Bei diesen besonderen Zwillingen zeigen sich vermehrte „Paar-Effekte" oder „Arbeitsteilungen".

Als wir das erste Mal von dem Begriff Spiegelzwilling hörten, konnten wir uns beide das Lachen nicht verkneifen. Denn prompt fiel uns beiden dieselbe Geschichte ein:

Vor einigen Jahren machten wir unsere Weihnachtseinkäufe in einem Shoppingcenter. Die Läden waren wunderschön geschmückt, überall duftete es nach frischen Mandeln und weihnachtlichen Kerzen. Der Schimmer der Kerzen zog uns umgehend in den Bann der Weihnachtsvorfreude. Wir teilten uns auf, denn auch Zwillinge haben Weihnachtsgeheimnisse. Unabhängig voneinander entschlossen wir uns beide dazu, zuerst die Bekleidungsgeschäfte anzusteuern. In den unterschiedlichen Geschäften begrüßten uns Unmengen an Menschen, volle Kassen und große Spiegel, welche zur Anprobe von Accessoires einluden. Während jede von uns gedankenversunken in einem Laden umherschlenderte, entdeckten wir plötzlich die jeweils andere direkt vor uns. Jedenfalls dachten wir, dass es so wäre – denn in Wirklichkeit war alles ganz anders: Wir standen vor unserem Spiegelbild und unterhielten uns mit diesem. Noch heute erinnern wir uns an die unangenehmen Blicke der anderen Weihnachtseinkäufer.

Als wir uns dann kurze Zeit später „in echt" trafen und uns die entsprechende Geschichte erzählten, brach ein großes Gelächter aus. Bis zu diesem Zeitpunkt war uns nicht bewusst, dass wir uns gerade in Anbetracht unseres Spiegelbildes so ähneln.

Auf die Frage, wie es zur Entwicklung von Spiegelzwillingen kommt, hat der Berliner Forscher Busjahn eine Antwort:

„Teilt sich das Ei erst um den neunten Tag nach der Befruchtung, dann wurde die linke und rechte Körperhälfte bereits genau bestimmt. Dieser Effekt kann so stark sein, dass das Herz bei einem Zwilling auf der rechten Seite sitzt."

Manchmal zeigt sich dieser Effekt aber auch anders: Während sich aus der linken Hälfte der Ausgangszelle der linkshändige Zwilling entwickelt, entsteht aus der rechten Hälfte der rechtshändige. So wie es eben auch bei uns der Fall ist.

Fest steht: Es sind nicht alle Zwillinge von diesem Phänomen betroffen. Wie viel Prozent der Zwillinge Spiegelzwillinge sind, ist nur schwer nachprüfbar. In neuerer Zeit gehen Forscher davon aus, dass bei ungefähr einem Viertel aller eineiigen Zwillinge eine Spiegelgleichheit zu beobachten ist.

Mit diesem Wissen schließen wir das Kapitel und denken dabei an ein schönes Zitat des Theologen Walter Ludin. Er hat einmal gesagt:

„Glücklich, wer im Spiegel ein sympathisches Gesicht entdeckt."

Siamesische Zwillinge – Seite an Seite, verbunden fürs Leben

In unserer Kindheit beängstigten uns die literarischen Umschreibungen und realen Fotos siamesischer Zwillinge. Wir erinnern uns zum Beispiel an die Geschichte der Zwillingsbrüder Chang und Eng Bunker, die uns ein Freund der Familie einmal erzählte. Sein Bericht ermöglichte uns schon damals tiefe Einblicke in das Leben zusammengewachsener Zwillinge und in die Schwierigkeiten, welche „missgebildete Kinder" und deren Eltern insbesondere in primitiveren Völkern um das Jahr 1811 erleiden mussten. So wurden diese gemieden, aus Angst, es könnte sich um das Werk böser Geister handeln. Es soll sogar ein Gesetz in Siam (heute Thailand) gegeben haben, dass alle missgebildeten Kinder bei der Geburt zu töten seien.

Nicht jedoch die siamesischen Zwillingsbrüder Chang und Eng. Der Überlieferung nach gelangten die Zwillinge erst nach Amerika, wo sie im Jahre 1829 erstmalig zur Schau gestellt wurden, und anschließend nach Europa. Während dieser Zeit verdienten sie durch das Zurschaustellen ihrer Besonderheit ein regelrechtes Vermögen. Mit diesem erwarben sie zwei große Anwesen in Amerika.

Damit nicht genug. Auch in der Liebe schienen die Brüder ein glückliches Händchen gehabt zu haben. Sie heirateten zwei Schwestern und hatten mit ihrer jeweiligen Frau sogar Kinder. Als das Vermögen weniger wurde, starteten sie einen zweiten erfolgreichen Karriereversuch in Europa und landeten schließlich auch in Berlin. Während der Rückreise nach Amerika erkrankte Chang an einer Lungenentzündung und starb im Jahre 1874. Vier Stunden später verstarb auch sein Bruder Eng.

Diese eindrucksvolle, durch Glück und Leid geprägte Geschichte beeindruckte uns bereits in jungen Jahren. Nicht allein deswegen, weil die Namensgebung dieses besonderen Zwillingsphänomens tatsächlich auf jene beiden in Siam geborenen Brüder zurückzuführen ist.

Neben diesem Fall gibt es weitere Beispiele siamesischer Zwillinge im Schaugeschäft. Das Interessante: Es scheint viel mehr siamesische Zwillingsschwestern als Zwillingsbrüder zu geben. Nach Zwillingsforscher Busjahn seien sogar 70 Prozent aller siamesischen Zwillinge weiblichen Geschlechts. Doch der Grund dafür scheint noch heute ein Rätsel zu sein.

Dafür steht fest: Die Wahrscheinlichkeit für eine siamesische Schwangerschaft liegt bei 1:70.000 bis 1:1.200.000 der eineiigen Zwillingsschwangerschaften. Allerdings sind die Überlebenschancen bei diesen besonderen Geschwistern sehr gering. Dennoch erfahren wir immer wieder von erwachsenen siamesischen Zwillingen.

So machte uns ein Brief aus Dresden beispielsweise auf die Schwestern Brittany und Abigail Hensel aufmerksam. Die aufgeweckten Mädchen, die im Jahre 1990 per Kaiserschnitt das Licht der Welt erblickten, teilen einen Leib und sind an der Hüfte zusammengewachsen. *„Der Mediziner spricht in diesem Fall von ‚Dicephalus‘, der Laie von ‚Doppelkopf‘"*, erklärt Andreas Busjahn.

Abwärts der Hüfte ist alles nur einmal vorhanden. Deshalb ist es nicht möglich, die beiden Schwestern voneinander zu trennen. Bis heute meistern die Mädchen ihre Besonderheit ganz wunderbar – sie lachen, weinen und verlieben sich gemeinsam. Auch wenn beide Schwestern körperlich beständig aneinandergebunden sind, so sind die Geschmäcker und Vorlieben doch sehr unterschiedlich. Diese und viele andere interessante Beobachtungen führen dazu, dass es die außergewöhnlichen Zwillingsmädchen seit 2003 immer wieder in Dokumentationen oder Realityshows zu sehen gibt.

Eine Trennung siamesischer Zwillinge ist grundsätzlich nicht immer ausgeschlossen. Ethisch fraglich ist sie allerdings dann, wenn die zu erwartende Lebensqualität für die Zwillinge nach einer Trennung nicht akzeptabel wäre. Sehr versiert auf diesem Gebiet ist Prof. Dr. med. Dietrich von Schweinitz, Direktor der Kinderchirurgischen Klinik und Poliklinik im Dr. von Haunerschen Kinderspital. Auf die unterschiedlichen Verwachsungsformen siamesischer Zwillinge angesprochen, erläutert er uns, dass in der Medizin nach Art und Ausmaß der Verschmelzung unterschieden würde: Kopf, Brustbereich, Hüftbereich, Bauchbereich und Steißbereich. Doch sei durch die vielen individuellen Verschmelzungen kein typisches siamesisches Zwillingspaar auszumachen.

Gefesselt von dieser geheimnisvollen Welt gehen wir mit diesem Experten noch etwas weiter auf gemeinsame Recherchereise und finden heraus, dass im Jahre 1959 die erste Trennung eines siamesischen Zwillingspaares in dieser Klinik stattfand. Die siamesischen Zwillingsmädchen waren an Brustbein und Bauch verwachsen und wurden vom damaligen Leiter der Kinderchirurgie, Prof. Oberniedermayr, getrennt.

Von 1959 bis 2013 fanden insgesamt 14 Trennungen siamesischer Zwillinge statt, davon elf weibliche und drei männliche Zwillingspaare. Alle mit sehr unterschiedlichen Resultaten. Denn eine Trennung ist weitaus einfacher und erfolgreicher, wenn sich die Geschwister keine lebenswichtigen Organe miteinander teilen. Außerdem sei die Überlebensrate 80 Prozent höher, wenn die anatomische Beziehung der Zwillinge vollständig klar und die Trennungsoperation ausführlich geplant sei.

Das überrascht uns nicht. Vielmehr staunen wir darüber, dass die erste erfolgreiche Trennung angeblich bereits im Jahre 1689 in der Schweiz durchgeführt worden ist.

Neben all diesem Wissen ist die eine oder andere Frage an diesem Punkt noch immer ungeklärt. So etwa die Frage nach siamesischen Mehrlingen. Sollte es auch siamesische Drillinge oder gar Vierlinge geben? Selbstverständlich sei das möglich, erklärt uns der Experte. Doch treten siamesische Drillinge und Vierlinge extrem selten auf. Und heutzutage machen Ultraschall, Computertomographie oder Kernspintomographie eine intrauterine Diagnose möglich. So führt die Nachricht über siamesische Mehrlinge in den meisten Fällen zu einem Abbruch der Schwangerschaft.

Wie kommt es aber zur Entstehung dieser besonderen Zwillinge? Diese Frage scheint – ähnlich wie das Zustandekommen von eineiigen Zwillingen – nicht leicht zu beantworten zu sein. Wissenschaftler gehen davon aus, dass siamesische Zwillinge dann entstehen, wenn sich die Eizelle erst spät nach der Befruchtung teilt, genauer gesagt nach dem zwölften Entwicklungstag. Die Teilung verläuft demnach unvollständig.

Aber es gibt noch eine weitere Erklärung. So könnten sich die Embryonen nach einer frühzeitigen Teilung des Eies auch wieder zusammenziehen und dadurch miteinander verschmelzen. Die wissenschaftliche Erklärung dafür lautet wie folgt: In jedem Menschen befinden sich Zelladhäsionsmoleküle – winzige, kaum zu erkennende Zellbausteine, die den Effekt eines Klettverschlusses haben. Während sich die Organe und Gliedmaßen des Kindes im Leib der Mutter entwickeln, ziehen diese Zelladhäsionsmoleküle bei einer normalen Schwangerschaft – jeweils passend zueinander – die linken und rechten Teile des Körpers zusammen. Doch im Falle dieser besonderen Schwangerschaft scheinen die Moleküle einer Verwechslung erlegen zu sein. Sie kommen mit dem eigenen Körper und dem des anderen Zwillings durcheinander. So wachsen die Zwillinge zusammen – und das immer an den gleichen Stellen: am Becken, am Kopf oder auch am Brustkorb.

Wussten Sie, dass sich siamesische Zwillinge seit vielen Jahrtausenden nachweisen lassen? Aus den Gesprächen mit unseren Experten erfahren wir von einer über 9.000 Jahre alten Tonscherbe, auf welcher ein an der Hüfte zusammengewachsenes siamesisches Zwillingspaar zu sehen ist.

DNA-ANALYSE ... UNGELÖST

Viele Krimiautoren haben die Welt der Zwillinge genutzt, um den Plot ihrer Geschichten auszuschmücken. Und warum tun sie das? Weil Zwillingen häufig eine Art kriminelle Energie unterstellt wird. Wir können uns denken, woher diese Vermutungen kommen. So hören wir immer wieder von verschiedenen Tatbeständen, bei denen Zwillinge nicht überführt werden konnten.

Nehmen wir beispielsweise die Zwillingsbrüder Hassan und Abbas O. aus Berlin. Der „KaDeWe-Millionenraub" versetzte die Berliner vor noch gar nicht allzu langer Zeit in Aufregung. In den Medien konnte man verfolgen, dass die Zwillingsbrüder im sogenannten „KaDeWe-Coup" verdächtigt wurden, in das Berliner Luxuskaufhaus eingebrochen zu sein. Dabei wurde Schmuck im Wert von mehreren Millionen Euro erbeutet. Nachweisen kann man es den beiden Männern allerdings nicht, denn aufgrund des identischen DNA-Musters der Zwillinge ist eine eindeutige Zuordnung der gefundenen DNA-Spur nicht möglich. So konnte bis heute kein Haftbefehl gegen die beiden erhoben werden.

Doch ist es tatsächlich nur der genetische Fingerabdruck von Zwillingen, der identisch ist? Uns Zwillingen wird nicht selten nachgesagt, wir hätten auch das gleiche Papillarmuster auf unseren Fingerkuppen, also identische Fingerabdrücke.

Die eineiigen Zwillingsbrüder Louis und Axel wissen es genau. Louis:

„Mein Bruder hatte mal ein Notebook, das den Fingerabdruck erkennen konnte."

Beide haben aus Spaß versucht, sich an diesem anzumelden. Und das hat tatsächlich funktioniert.

Zwillingsforscher Busjahn zweifelt den Fall von Axel und Louis jedoch an. Es gab bereits mehrere Untersuchungen, in welchen die Fingerbeeren- und Handflächenmuster von Zwillingen geprüft wurden. Im Ergebnis waren die Fingerbeeren bei jedem Menschen unterschiedlich.

„Das Papillarmuster bildet sich bereits in einer sehr frühen Phase der Entwicklung eines Fötus. Die Fingerendglieder schwellen durch die vermehrte Blutfülle an. In der Folge wird in der sogenannten Epidermis eine starke Spannung erzeugt, die sich erst zwischen dem dritten und vierten Schwangerschaftsmonat abschwächt. Erst nach diesem Rückgang zieht sich die elastische Oberhaut wieder zusammen, und es entsteht das Papillarmuster."

Demnach ist es ausgeschlossen, dass die Fingerabdrücke von eineiigen Zwillingen völlig identisch sind. Allerdings könnte eine Ähnlichkeit gegeben sein. Und das würde auch das Beispiel von Louis und Axel erklären.

Im Gegensatz zu den tatsächlichen Fingerabdrücken sind die genetischen Spuren tatsächlich identisch. Bei einem Fall aus dem US-Bundesstaat Missouri drehte es sich um einen Vaterschaftsstreit, das heißt, die DNA der Zwillingsbrüder Ray und Richard sorgte vor Gericht für Verwirrung. Doch was genau war passiert?

Zwei Zwillingsbrüder stritten um die Vaterschaft eines kleinen Mädchens, deren Mutter am Zeugungstag sexuellen Kontakt mit beiden Brüdern gehabt hatte. Vom jeweils anderen Sexualpartner wussten die Brüder allerdings nichts. Von Zwillingsbruder Ray verlangte die Mutter jetzt die Alimente für das Kind – doch hatte sie die Rechnung ohne den Wirt gemacht, denn eine Gewissheit über die Vaterschaft konnte nicht genau festgestellt werden. Der Test, dem sich die Brüder unterzogen, zeigte bei beiden Männern eine 99-prozentige Wahrscheinlichkeit für die Vaterschaft. Das führte zu einem langjährigen Streit, nicht nur mit der Mutter, sondern auch unter den Zwillingen. (Paetzholdt 2007)

„Da monozygote Zwillinge erst einmal als genetisch identisch angenommen werden, ist ein klassischer Gentest wirklich zum Scheitern verurteilt“, erzählt uns Zwillingsforscher Busjahn. Allerdings ergänzt er:

> *„Es gibt aktuell ein sehr aufwendiges und teures Verfahren, das in einer kompletten Gensequenzierung nach winzigen Unterschieden sucht. Wenn Spontanmutationen sehr kurz nach der Trennung der Zwillinge in der frühen Schwangerschaft auftreten, sind sie in verschiedenen Geweben und auch in den Spermien zu finden und können die Brüder unterscheiden.“*

Ob diese Methode angewandt wurde, wissen wir nicht. Auch schweigen sich die Medien darüber aus, ob dieses Verfahren möglicherweise zur Überführung der Zwillingsbrüder Hassan und Abbas O. im oben aufgeführten „KaDeWe-Millionenraub“ verhelfen könnte. Wir jedenfalls möchten der Justiz damit nicht in ihr Handwerk pfuschen.

Was aber weiterhin unser Interesse weckt, ist folgende Fragestellung: Ist ein gesetzwidriges Verhalten bei Zwillingen angeboren oder entwickelt sich ein solches erst mit der Zeit? Der Antwort auf die Frage nach dem Phänomen des kriminellen Verhaltens gehen wir zusammen mit Busjahn nach. Wir lernen, dass sich kriminelles Verhalten weniger durch Persönlichkeitsmerkmale beschreiben lässt. Vielmehr äußert es sich durch Aktionen, bei denen gegen Gesetze verstoßen wird. Dennoch kommt es immer wieder vor, dass kriminelle Handlungen mit genetischen Faktoren in Verbindung gebracht werden.

Die Gewichtung der Vererbung für die Entwicklung der Kriminalität wurde in der Wissenschaft bereits näher zu beleuchten versucht. Das Ergebnis ist höchst interessant: Werden verschiedene Verbrechen betrachtet – beispielsweise Diebstahl, Raub, Gewalt oder versuchte sexuelle Gewaltanwendung –, zeigte sich bei zweieiigen Zwillingen eine weitaus geringere Paarübereinstimmung als bei eineiigen Zwillingen. Der Berliner Zwillingsspezialist Busjahn dazu:

„Insgesamt stellte sich bei dieser Untersuchung eine schwache erbliche Veranlagung für Kriminalität heraus. Eine höhere Übereinstimmung konnte man bei den untersuchten mehreiigen und eineiigen Zwillingspaaren insbesondere dann erkennen, wenn es sich um Zwillinge handelte, die ihre Kindheit intensiv zusammen erlebten."

Demnach entsteht also die Übereinstimmung weniger durch Veranlagung oder Vererbung eines kriminellen Verhaltens, sondern vielmehr durch die starke Bindung und den engen Kontakt zwischen den Zwillingspaaren.

Da unter unseren befragten Zwillingen kein kriminelles Zwillingspaar aufzutreiben war, befragen wir jemanden, der es wissen muss: Ein Experte auf diesem Gebiet ist Prof. Dr. Norbert Nedopil.

Der Leiter der Abteilung für Forensische Psychiatrie an der Psychiatrischen Klinik und Poliklinik der Ludwig-Maximilians-Universität München und Fachbuchautor erläutert, dass die Konkordanzrate bezüglich der Kriminalität bei eineiigen Zwillingen tatsächlich deutlich höher als bei zweieiigen Zwillingen ist. Das bedeutet aber nicht, dass Kriminalität genetisch bedingt ist. Vielmehr ist es so, dass einige Risikofaktoren häufiger mit Kriminalität verbunden sind. So sind Charakterzüge wie etwa Impulsivität, Sensation Seeking und Furchtlosigkeit genetisch bedingt und führen statistisch betrachtet häufiger zu Delikten.

Damit zu einer letzten Beobachtung dieses Kapitels. Haben Sie gewusst, dass fast nur Männer kriminelle Karrieren einschlagen? Laut Nedopil werden nur fünf bis zehn Prozent der Gewaltverbrechen von Frauen verübt.

Diese Tatsache beruhigt uns als weibliches Zwillingspärchen ungemein. Erst recht, wenn wir uns jetzt dem Kapitel zu den Phantasiegeschichten über Zwillinge in Poesie und Literatur zuwenden.

Inspiration für Mythen,
Märchen und Literatur

Unzählige Mythen und Sagen ranken sich um die anregende und geheimnisvolle Welt der Mehrlinge. Das Seltene und – über lange Zeit in der Geschichte – Unerklärliche ist eben spannend. Doch möchten wir in die Welt der Mythen, Märchen und Literatur nicht ohne unseren lieben Freund Prof. Dr. Rudolf Dau, kurz Rudi, eintauchen. Als promovierter Germanist, Historiker und Zwillingsfreund ist er mit vielen Erzählungen über Zwillinge vertraut.

Die Frage nach der Entstehung und besonderen Verbindung von Zwillingen inspirierte die Menschen in vielen Teilen dieser Welt zu sagenhaften Geschichten. Unser Gesprächspartner macht uns auf den beachtenswerten Umstand aufmerksam, wie häufig in der Vorstellungswelt der alten Völker davon ausgegangen wurde, zumindest eines der Zwillingskinder müsste einen Gott zum Vater haben.

Die wohl bekannteste Legende über Zwillinge ist die von Romulus und Remus. Zwei Zwillingsbrüder, deren Eltern der römische Kriegsgott Mars und die Priesterin Rhea Sylvia waren. In einer Wolfshöhle ausgesetzt wurden die Zwillingsbrüder der Sage nach von Wölfen gesäugt und später von Hirten aufgezogen. Doch geht diese Legende nicht vollends in Harmonie auf. Denn als man den beiden Brüdern viele Jahre später gestattete, eine Stadt zu gründen, gerieten sie über die Frage, wer Bauherr und gleichzeitig Namensgeber der Stadt sein würde, in Streit. Am Ende dieser durch Missgunst und Habgier geprägten Geschichte wurde Remus von seinem Bruder erschlagen. Heute gelten diese beiden Brüder als die Gründer Roms und schmücken sogar das Wappen dieser Stadt.

Auffällig ist, wie uns Rudi bestätigt, dass es häufig indianische Mythen sind, die vor allem Zwillingsbrüder zum Thema haben. Dabei werden den Protagonisten nicht selten gegensätzliche Eigenschaften zugeschrieben. Handelt es sich bei dem einen Bruder beispielsweise um einen mutigen, kämpferischen Krieger, so besticht der andere Bruder durch List und Intelligenz. Oft sind es mythische Charaktere, die den Menschen wichtige Erkenntnisse vermitteln und Abenteuer zu bestehen haben.

Man denke nur an die Geschichte der Zwillingsbrüder Tawiskaron und Wata Oterongtongnia in den irokesischen Schöpfungsmythen. Während im jüngeren Zwillingsbruder Tawiskaron der Urheber von vielen Übeln gesehen wird, ist es der ältere Zwillingsbruder, der das Gute verkörpert.

Die Geschichte dieser Legende kann man etwa folgendermaßen zusammenfassen: Bereits während der Wehen ihrer Mutter stritten sich die Zwillingsbrüder um den richtigen Weg nach draußen. Während der ältere Bruder auf normalem Wege geboren werden konnte, wählte der jüngere Bruder Tawiskaron den Weg nach oben, über die Achselhöhle seiner Mutter, und tötete sie damit. Urmutter Awenhai versuchte den Tod ihrer Tochter aufzuklären.

Nachdem beide Zwillingsbrüder ihre Unschuld beteuerten, schenkte sie letztlich den falschen Worten des bösen Enkels Tawiskaron mehr Liebe und Vertrauen und verbannte den gutartigen Zwillingsbruder. Seit jenem Tag duellierten sich die Zwillingsbrüder um die Schöpfung der Erde. Doch endete diese Geschichte, nach einem brüderlichen Duell, für Tawiskaron tödlich. Noch heute gelten die Rocky Mountains als Ort dieses tragischen Geschehens.

Von Rudi, unserem Historiker, erfahren wir auch, dass Zwillinge insbesondere in den Religionen der indogermanischen Völker höchste Verehrung erlangten. So werden in der Veda, der ältesten heiligen Schrift der Inder, etwa fünfzig Zwillings-Götterhymnen überliefert. Etwa die der Zwillingssöhne von Göttin Aditi, welche als alte vedische Pferdegötter der Morgen- und Abenddämmerung dargestellt werden. Als göttliche Ärzte sind die Ashvins den Menschen wohlgesinnt und gelten als Helfer in der Not.

Der römische Gott Zeus wird nicht selten als zeugungsfähigster aller Zwillingsväter beschrieben. Eine Sage handelt beispielsweise von den Zwillingsbrüdern Castor und Pollux, welche aus einer Liebschaft des Zeus hervorgingen. Leda, die Ehefrau des Königs von Sparta, wurde von Zeus in Gestalt eines Schwans verführt. Der Sage nach legte Leda nach dieser Verführung zwei Eier. Während aus dem einen die eineiigen Zwillingsbrüder Castor und Pollux schlüpften, entsprang dem anderen Ei ihre Schwester Helena.

Das Besondere an diesem Brüderpaar: Sie waren Zwillinge und Halbbrüder zugleich, was einzig und allein durch den Einfluss göttlicher Macht möglich wurde. Denn Leda teilte sich das Lager in der Nacht der Zeugung sowohl mit ihrem Ehemann Tyndareos als auch mit Zeus.

Der Legende nach erwuchs aus dem Samen Zeus' der Halbgott Pollux, Tyndareos' Sohn Castor hingegen entwickelte sich als Sterblicher. Viele wagemutige Geschichten wurden den eng verbundenen Zwillingsbrüdern nachgesagt. Während Pollux als legendärer Faustkämpfer beschrieben wird, gilt Castor als hervorragender Wagenlenker und Pferdebändiger. Aus Liebe zu den Töchtern des Leukippos, Phoibe und Hilareia, zogen sie in den Kampf mit den Aphäretiaden Idas und Lynkeus. Castor wurde in diesem Kampf von Idas getötet, doch Pollux konnte dem Aphäretiaden Lynkeus das Leben nehmen. Der hierbei verwundete Pollux wurde von Zeus zur Genesung auf den Olymp geholt. Aber die Trauer um seinen Bruder war groß.

Obwohl es Zeus nicht möglich war, auch dem bereits verstorbenen Castor Unsterblichkeit zu geben, konnte er die Unsterblichkeit von Pollux auf diese beiden Brüder aufteilen. Bis heute sei das Sternbild Zwillinge Sinnbild für dieses besondere Geschwisterpaar, erklärt uns Rudi.

Auch im Alten Testament, im ersten Buch Moses, findet sich eine Zwillingsgeschichte. Es handelt sich um die Söhne von Isaak und Rebekka, welche als Zwillingsbrüder das Licht der Welt erblickten. Der erstgeborene Esau war am ganzen Körper mit rotem Haar übersät. Jakob hingegen hielt bei seiner Geburt die Ferse seines Bruders und wurde demzufolge „Fersenhalter" genannt. Insgesamt glichen sich beide Brüder nur geringfügig, lediglich die Stimme und die Hände erschienen ähnlich.

Bereits während der Geburt war unumstritten, dass Esau als Erstgeborener rechtmäßiger Erbe des Familienbesitzes werden sollte. Während Esau zum Jäger heranwuchs, wird Jakob als ruhiger und sanfter Nebenmann beschrieben. In den kommenden Jahren entstand eine Rivalität zwischen den Brüdern, woran deren Eltern nicht ganz unschuldig waren. Während die Gunst der Mutter Jakob zuteil wurde, bevorzugte der Vater den Erstgeborenen Esau.

Als Esau eines Tages müde und hungrig von der Jagd nach Hause kam, bat er seinen Bruder um einen Teller Linsensuppe. Der verwehrte ihm die Suppe so lange, bis Jakob ihm sein Erstgeburtsrecht abtrat. Davon erfuhr der Vater allerdings nichts. Auf dem Sterbebett des Vaters brachte Rebekka den alten und erblindeten Isaak durch eine Heimtücke dazu, Jakob, und nicht dem Erstgeborenen Esau, den väterlichen Segen zu erteilen. Auf diese Art und Weise konnte Jakob sich das Erbe seines Vaters erschleichen, was Esau ungemein erzürnte.

Durch diesen Geschwisterkonflikt sollte es lange dauern, bis die Brüder sich letztlich wieder versöhnten.

Auch Richard Wagners Musikdrama „Walküre" aus dem „Ring der Nibelungen" gehört zu den Zwillingsstoffen. Hier ist es das Geschwisterpaar Siegmund und Sieglinde, welches das Publikum in seinen Bann zieht.

Nachdem sich die von Wotan gezeugten Zwillinge Siegmund und Sieglinde nach vielen Jahren wieder treffen, erkennen sich die Geschwister zunächst nicht. Sieglinde wurde sehr früh zur Gattin Hundings und gewährt viele Jahre später dem Obdachlosen Siegmund Eintritt in ihr Haus. Hunding, wenig begeistert über die Beherbergung des Gastes, fordert diesen am folgenden Morgen zum Duell. Doch von Sieglinde gewarnt, soll ein Schwert im Stamm der mitten im Saal stehenden Esche das Schicksal dieses Dramas entscheiden und Siegmund den Sieg bescheren.

Erst jetzt erkennen sich die Geschwister. Die Frucht ihrer glühenden inzestuösen Liebe war ihr Sohn Siegfried.

Bis hierhin wird deutlich, dass es häufiger Zwillingsbrüder waren, welche die Mythen und Sagen dieser Welt beherrschten.

In Märchen ist die Geschlechterverteilung meist ausgewogener. Sofort kommt uns die Märchensammlung der Gebrüder Grimm in den Sinn. „Hänsel und Gretel", „Schneeweißchen und Rosenrot", „Die Goldkinder" und „Die zwei Brüder", die man uns in unserer Kindheit oft als Zwillingsgeschwister vorstellte.

Unsere Vermutung, dass diese Märchen allesamt von Zwillingen handeln, bezweifelt unser Germanist und Historiker Rudi. Bei den Märchen „Die zwei Brüder", „Die Goldkinder" und „Schneeweißchen und Rosenrot" sei es allerdings unbestritten. Außer Zweifel sei auch, dass alle Geschwister, ob Zwillinge oder nicht, in den Märchen in besonders großer Eintracht verbunden sind.

William Shakespeare (1564–1616) hatte offenbar eine besondere Vorliebe für Zwillingsgeschichten. In „Was ihr wollt" und „Komödie der Irrungen" spielen Zwillinge die Hauptrolle. Shakespeares Interesse an solch besonderen Geschwistern kam allerdings nicht von ungefähr: Nach biografischen Quellen war er selbst Vater der Zwillingskinder Hamnet und Judith.

Im Gespräch mit Rudi kommen wir auch auf den Roman „Die kleine Fadette" von George Sand (1804–1876) zu sprechen, der vielleicht ersten Feministin in der französischen Literatur. Dieser Roman erzählt die Geschichte der eineiigen Zwillinge Landro und Silvan. Von den Eltern völlig identisch erzogen, geraten sie durch diese Idee der Erziehung immer mehr in Abhängigkeit voneinander. Beziehungen zu Außenstehenden stellen zunehmend ein Problem für die beiden Brüder dar. Trennbar wird der feste Bund zwischen den Brüdern erst durch Fadette und ihre Liebe zu Landro.

Auch in der neueren Literatur nehmen Zwillinge einen bemerkenswerten Platz ein. Rudi verweist auf die Novelle „Wälsungenblut" von Thomas Mann (1875–1955), die Wagners Oper „Walküre" persifliert, wobei hierbei nicht vergessen werden darf, dass sie aufgrund antisemitischer Tendenzen umstritten ist. Thema des Stückes ist die inzestuöse Zwillingsliebe zwischen den Geschwistern.

Wir persönlich mögen am liebsten die Zwillingsgeschichte von Erich Kästner (1899–1974), „Das doppelte Lottchen". Schon in frühen Jahren schenkte uns unsere Mutter dieses Buch. Auch die Literaturverfilmung über die beiden getrennt aufwachsenden Schwestern, die sich während der Ferien in einem Landschulheim zufällig über den Weg laufen, konnten wir wieder und wieder anschauen.

Der Film wurde zum Ritual unseres Familienlebens. So gab es zahlreiche regnerische Sonntage, an denen wir alle – gemütlich in unsere Decken eingekuschelt und von unserer Mama zuvor mit dem leckersten Mittagessen bekocht – vor dem Fernseher lagen und den Film ansahen. In unseren Augen ist es eine der schönsten Geschichten über die untrennbare Geschwisterliebe von Zwillingen.

Zweisamkeit unter verschiedenen Blickwinkeln

Rivale oder Heiratskandidat

Immer wieder werden wir gefragt, ob sich Zwillinge denselben Partner teilen. Wie kommen die Menschen nur darauf?

Ist diese Vorstellung nicht ebenso abwegig wie bei normalen Geschwistern?

Natürlich haben wir viele Gemeinsamkeiten. Aber einen Partner teilen? Nein, das geht selbst uns zu weit. So viel Privatsphäre sei der Zwillingsschwester gegönnt.

Thomas Gottschalk überraschte uns in seiner Sendung mit der Frage, ob es für unsere Partner überhaupt einen Unterschied mache, auf wen von uns Zwillingen sie sich letztendlich einließen. Wem die eine gefällt, der könne die andere ja schließlich nicht hässlich finden. Doch ist es tatsächlich so, dass die Wahl eines von zwei Zwillingen völlig willkürlich ist?

Und wie sieht es aus der Zwillingssicht aus – kann es vorkommen, dass sich der eine Zwilling in den Partner des anderen Zwillings verliebt? Haben Zwillinge im Hinblick auf die Partnerwahl den gleichen Geschmack?

Befragen wir dazu andere Zwillingspaare. Die eineiigen Zwillingsschwestern Dora und Sabrina erzählen uns:

„Wir waren bereits in denselben Jungen verliebt, in der achten Klasse. Wir haben uns beide gegen ihn entschieden, weil wir da keine Streitigkeiten wollten."

Das finden wir sehr erwachsen von den beiden. Doch interessiert uns natürlich, wie wohl der Mann der Begierde darauf reagierte.

„Der Junge hat dies akzeptiert. Den meisten Jungen war es damals sicher egal, welche von uns er bekommen hätte."

Dieser Umstand missfiel den Schwestern:

„Wir haben immer viel Wert darauf gelegt, dass die Wahl auch begründet wird."

Das gestaltete sich nach der Schule sehr viel einfacher.

„Die Charaktere waren eben doch unterschiedlich."

Dem stimmen auch die Partner der Frauen zu, denn:

„Bis heute sagen die Männer: ‚Mit deiner Schwester könnte ich nicht zusammen sein.'"

Und genauso soll es auch sein.

„So muss niemand teilen."

Ähnlich schildert uns das auch Bianca. Insgesamt sei sie introvertierter als ihre zweieiige Zwillingsschwester Marina. Obwohl sie und ihre Schwester wiederum Brüder – wenn auch keine Zwillingsbrüder – geheiratet haben, ist sie sich über eines ganz sicher:

„Ich habe den richtigen Mann geheiratet. Der andere Bruder ist froh, wenn meine Schwester alles in die Hand nimmt, viele Entscheidungen selber trifft. Ich benötige meistens die Meinung meines Mannes."

Ist der Unterschied im Charakter aber tatsächlich die einzige Erklärung dafür, dass die Wahl nicht auf denselben Partner fällt? Kaum anzunehmen.

Erst recht nicht, nachdem wir den Brief von Olaf und Fabian gelesen haben. Die Zwillingsbrüder können sich gar nicht die gleiche Partnerin teilen – und das nicht zuletzt deshalb, weil einer der beiden Brüder hetero-, der andere hingegen homosexuell ist. Dies spiele allerdings keine Rolle in ihrem Verhältnis zueinander, bestätigen sie uns. Olaf meint:

„Jeder muss selbst sehen, wie er glücklich wird."

Ramona berichtet uns vom Partner ihrer eineiigen Zwillingsschwester Michaela:

„Ich finde ihn sehr nett, aber sowohl vom Charakter als auch vom Aussehen wäre er nie das, was ich mir von einem Mann wünsche."

Und ebenso sehen es all die anderen von uns befragten Zwillingspaare. Oft empfinden Zwillinge den Partner des Geschwisterzwillings gar nicht überragend attraktiv. Auch Andrea und Diana wehren diese Frage lachend ab. Doch Andrea gesteht eine Tatsache, die für ihre Schwester natürlich weniger lustig war:

„Allerdings fand meine Mutter meine Jungs irgendwie immer besser."

Pamela, eine alte Freundin von uns, macht uns hingegen auf die sagenhafte Liebesgeschichte der ihr bekannten Zwillingsbrüder Aaron und Björn aufmerksam. Während der gemeinsamen Ausbildung verliebten sich die Brüder in dieselbe Kollegin. Doch was jetzt? Streit gab es zwischen den Brüdern nie. Und so sollte es auch bleiben.

Die jungen Männer schmiedeten daher einen ausgeklügelten Plan. Sollte sich doch die Frau selbst zwischen den Brüdern entscheiden. Gesagt, getan. Die Wahl fiel auf Aaron. Und das war überhaupt kein Problem. Warum? Auch die junge Frau hatte eine Doppelgängerin in petto, und diese verliebte sich in Björn.

Das Ende dieser Geschichte gleicht einem modernen Märchen: Es wurde eine Doppelhochzeit gefeiert und ein gemeinsames Häuschen bezogen. Wenn einem dabei nicht das Herz aufgeht!

Einen Kontrast dazu stellt die abenteuerliche Geschichte eines älteren Herrn dar, über den uns nach der Gottschalk-Sendung eine Frau aus Berlin schrieb. Diesen Mann teilten sich tatsächlich Zwillingsschwestern, allerdings im Abstand von 23 Jahren. Nachdem er im Jahre 1980 zuerst die eine Zwillingsschwester geheiratet hatte, war es die andere Zwillingsschwester, die er nach der Trennung von der ersten Zwillingsschwester 2003 ehelichte. Trotz anfänglicher Streitereien arrangierten sich alle drei mit der Zeit wunderbar mit der neuen und doch etwas skurrilen Familiensituation. Eine Portion Gelassenheit tut eben jeder Zwillingsbeziehung gut!

Ein Australier, so erfahren wir aus einem weiteren Brief, führt sogar gleichzeitig mit zwei Zwillingsschwestern eine Ehe zu dritt. Als sich nämlich vor einigen Jahren die verschollene Zwillingsschwester seiner Frau meldete, verliebte sich der Herr umgehend in sie. Was natürlich nicht ohne

Konsequenzen blieb. Mittlerweile finden sich die Schwestern allerdings in dieser Dreiecksbeziehung zurecht.

Derartige Toleranz scheinen Luise und Kerstin nicht zu teilen. Natürlich war ihnen von jeher klar, dass eine Nacht mit einer oder sogar mit beiden für einen Mann ein Triumphzug wäre. Aber nicht mit ihnen. Den meisten Zwillingen erscheint es also – wie der Mehrzahl der Menschen – absonderlich, den Lebenspartner zu teilen.

Es kommt allerdings vor, dass der eine Zwilling mit der Partnerwahl des anderen Zwillings nicht zufrieden ist. Und auch hier können wir aus eigener Erfahrung berichten. Unsere Partner hatten es oft nicht leicht, den harten Anforderungen, welche die eine an den Partner der jeweils anderen Schwester stellte, gerecht zu werden. Und daran lässt sich auch nichts ändern, denn für das Zwillingsgeschwister will man eben nur das Beste.

Mit dieser Einstellung stehen wir glücklicherweise nicht allein da. Dora berichtet:

„Meine Schwester hat auf alle meine Freunde ein Auge geworfen, weil ich es so wollte."

So waren sie und ihre eineiige Zwillingsschwester Sabina immer offen und ehrlich zueinander.

„Auch wenn ich eine negative Meinung oft nicht hören wollte."

Dennoch war auch für Dora eines immer offensichtlich:

„Ich habe begriffen, dass sie nur das Beste für mich will und alle positiven Erfahrungen aus Ehe und Muttersein an mich weitergeben will."

MITSPRACHERECHT AUF LEBENSZEIT

Aus den zahlreichen Gesprächen mit Zwillingen erfahren wir: Selbst der beste Lebenspartner eines Zwillings ist für den jeweils anderen Zwilling oft nicht gut genug. Doch was steckt hinter dieser kritischen Betrachtung? Kann es vielleicht sein, dass Zwillinge zuweilen eifersüchtig sind?

Unsere Mutter beobachtete bei uns Zwillingsmädchen besonders in früheren Jahren kleine Eifersüchteleien, sobald eine von uns einen Partner hatte. Nicht, dass wir der Schwester den Mann nicht gönnten. Vielmehr wurde er mit Argusaugen beobachtet.

So kam es vor, dass der Partner der Schwester wiederholt schlechtgemacht wurde. Das Resultat des Ganzen?

„Oft waren die jungen Männer gefrustet. Zogen sich die Partner jedoch aus der Beziehung zurück, war die Eintracht zwischen den Zwillingen schnell wieder da."

In späteren Jahren relativierte sich dieses Misstrauen bei uns Schwestern. Wir lernten den jeweiligen Partner der Schwester zu akzeptieren.

Das Gefühl der Eifersucht verschwindete jedoch nicht gänzlich. In einer Zwillingspartnerschaft ist der Platz eben schon vergeben, den ein Lebenspartner gewöhnlich zu erringen versucht. Schwer ist es für uns besonders dann, wenn die enge Bindung zur Schwester gestört wird.

Auch Zwillingsvater Werner weiß genau, wovon die Rede ist, und erzählt:

„Miriam war einige Jahre nach dem Abitur mit einem Jungen zusammen, auf den Sabine eifersüchtig war und umgekehrt. Als Sabine während des Studiums mit ihrem heutigen Mann zusammenkam, war Miriam eifersüchtig. Die Schwester auf einmal mit einem Mann teilen – daran muss man sich als Zwilling erst einmal gewöhnen. Es kam verstärkt zu Rivalitäten."

Aus den Erzählungen von Alice Kessler erfahren wir Ähnliches. Zwischen den Schwestern gab es bisher nur einmal einen großen Streit – und zwar während Alices Beziehung mit dem Chansonnier Marcel Amont:

„Kam ich einmal fünf Minuten zu spät zu den Proben, verzog sie das Gesicht. Fing ich mir einen Schnupfen ein, durfte ich mir anhören: ,Wenn du nicht so viel mit Marcel herumflanieren würdest, hättest du dich nicht erkältet."'(Kessler 1996, 93–94)

Mit dem Wort „Eifersucht" würde Ellen Kessler diese Situation jedoch nicht beschreiben, denn im Grunde gestehe sie ihrer Schwester eine neue Liebe zu. Ihrem Zwilling wünsche sie das Allerbeste. Aber dafür müsse sie eben jeden Partner aufs Genaueste inspizieren. Und weiter erzählt Ellen:

„Wir waren beide vierundzwanzig Jahre alt und keinen Tag in unserem Leben getrennt gewesen. Selbst als Alice am Blinddarm operiert wurde, saß ich täglich an

ihrem Krankenbett. Und nun ging Alice zum ersten Mal eigene Wege." (Kessler 1996, 93 f.)

Ob Urlaub oder Abendveranstaltung – es fiel Ellen sehr schwer, ihre Schwester ziehen zu lassen. Selbstverständlich lud Alice sie überallhin ein.

„Aber ich fühlte mich doch nur wie das fünfte Rad am Wagen – wie ein siamesischer Zwilling, der nach über zwei Jahrzehnten plötzlich von seinem zweiten Ich getrennt wird. Der Eingriff war rückblickend wichtig für unsere Zukunft, aber es tat weh." (Kessler 1996, 93 f.)

Wissenschaftler halten die Abkopplung vom Zwillingsgeschwister für sehr bedeutsam. Zazzo behauptet sogar, die Ehebeziehung sei ein Test für die Persönlichkeitsentwicklung jedes Zwillings, insbesondere für seine Unabhängigkeit. (Zazzo 1986, 40)

Auch wenn wir mit dieser Äußerung nicht ganz mitgehen, können wir den Schmerz solch einer Erfahrung sehr wohl nachfühlen. Gewiss ist es erst einmal befremdlich, sich den wichtigsten Partner an der Seite teilen zu müssen.

Und wie steht es um die Wahrnehmung der jeweiligen Zwillingspartner? Christian, der langjährige Partner von Antonia, hat insgesamt überhaupt kein Problem damit, einen Zwilling an seiner Seite zu haben. Er scherzt:

„So habe ich eben für den Notfall zwei Frauen."

Dieser positive Blickwinkel rührt sehr wahrscheinlich daher, dass er von der ganzen Familie sehr gemocht, geschätzt und geachtet wird. Seine Antonia könne er von Zwillingsschwester Barbara trotzdem auf 100 Meter Entfernung unterscheiden.

Doch gewiss haben es unsere Partner nicht immer leicht mit uns. Christian erzählt uns beispielsweise immer wieder von einer anfänglichen Sorge, die ihn plagte, bevor er uns das erste Mal im Doppelpack erlebte. So ließ ihn eine Frage einfach nicht los: Was wäre, wenn diese zwei Zwillingsschwestern gar nicht auseinanderzuhalten wären?

Diese Angst muss auch der erste Freund von Luise gehabt haben. Die Familie von ihr und Zwillingsschwester Kerstin machte sich einen Spaß mit ihm, indem sie beide Schwestern identisch stylte, während er in einen Nebenraum wartete. Danach, aus dem Einzelquartier befreit, sollte er die richtige der beiden Schwestern herauspicken. Aber das stellte den guten Mann vor keine unlösbare Aufgabe, erkannte er doch seine Luise unter Hunderten heraus. Ein Fehler wäre auch unentschuldbar gewesen, da beide Schwestern als einzigartig von ihren Partnern wahrgenommen werden wollen.

Neben der Angst vor der Verwechslung gibt es noch andere Herausforderungen für den Partner eines Zwillings: die Eifersucht! Und zwar nicht die des jeweiligen Zwillingspartners, welche – wie wir bereits erfahren haben – aufkochen kann, sobald eine dritte Person die enge Bindung zu durchdringen versucht. Wir meinen die Eifersucht des jeweiligen Lebenspartners, insbesondere dann, wenn die Verbindung der Zwillinge sehr eng und innig ist.

So kam es in der Vergangenheit einige Male zu Frust bei unseren Partnern, weil wir Schwestern ihnen nicht unsere gesamte Aufmerksamkeit schenkten. Uns Zwillingen fällt es nicht leicht, diesem Wunsch eines Partners gerecht zu werden. Ein Patentrezept, um diese Herausforderung zu meistern, gibt es nicht.

Harmonierend wirkt bei Antonia und Christian, dass gewisse Freiräume für Freunde und Familie seit jeher respektiert und geachtet werden. Dadurch wird der Platz des Lebenspartners in keiner Weise geschwächt – im Gegenteil.

Ein Beweis für den Erfolg ihrer Beziehung liegt vor: Antonia und Christian haben geheiratet.

Ähnlich sieht es Lena, die ebenfalls mit ihrem Partner den Bund der Ehe eingegangen ist. Trotzdem macht auch sie uns auf die Probleme einer Partnerschaft aufmerksam:

„Aufgrund der engen Bindung kommt es immer wieder zur Eifersucht. Der Mann fühlt sich schnell an zweiter Stelle. Wir haben beide diese Erfahrung gemacht."

Auch Bianca berichtet uns von dieser Eifersucht:

„Sie kocht auf, wenn man das Bedürfnis hat, erst mit der Zwillingsschwester etwas zu besprechen und zu entscheiden. Dann hört man schon mal den Satz: ‚Na, hast du mal wieder mit deiner Schwester beschlossen, was wir tun sollen?'"

Reginas Partner sieht hingegen keine Konkurrenz in der Zwillingsschwester Birgit.

> *„Sonst hätte mein Schwager nicht gesagt, dass er mich gerne in der Einliegerwohnung haben möchte."*

Diese besondere Toleranz kommt allerdings nicht von ungefähr:

> *„Als eineiiger Zwilling hat er vollstes Verständnis, denn er hat zu seinem Zwilling ebenfalls eine überaus gute Beziehung."*

Zwei Zwillingspaare auf einen Streich begegnen uns gar nicht selten. So scheinen Partner, die ebenfalls einen Zwilling an der Seite haben, in der Regel einfach mehr Verständnis für ein Zwillingsleben zu haben.

Solch einsichtige Partnerinnen erhoffen sich auch die beiden Zwillingsbrüder Sebastian und Stefan. Ihr großer gemeinsamer Wunsch:

> *„Endlich die richtigen Lebenspartner zu finden, mit denen wir glücklich werden können. Die auch akzeptieren können, dass wir viel gemeinsam machen und dass unser Band fester ist, als es in einer Beziehung je sein würde."*

Wie schwer die Suche nach solch toleranten Partnern sein kann, wissen auch die Kessler-Zwillinge. Sie trauern ihrem Singledasein heute nicht mehr nach. Auf die Frage, ob sich Ellen einen Mann wünsche, antwortete sie:

> *„Nee, danke." (Abendzeitung 2014)*

So leben die heute über 80 Jahre alten Multitalente mittlerweile in einem Häuschen zusammen, in dem sie lediglich eine Schiebetür voneinander trennt. Privatsphäre gestehen sich beide Schwestern selbstverständlich zu:

> *„Wir leben in unserem Heim im Grunde wie ein tolerantes Ehepaar zusammen, gehen aber unsere eigenen Wege." (Blattert 2009, 59)*

Nie einsam zu sein ist für beide Schwestern ein Geschenk. Egal was war, egal was ist und egal was sein wird – letztendlich halten beide an dem Standpunkt fest:

„Eins und eins ist eins." (Kessler 1996, 228 ff.)

Dass Beziehungen mit Zwillingen häufiger kein leichtes Unterfangen zu sein scheinen, erfahren wir auch von Zwillingsforscher Andreas Busjahn. So werden Ehen bei eineiigen Zwillingen sechsmal häufiger geschieden, als es bei normalen Eheschließungen der Fall ist. Der Grund:

„Eine Verbindung mit einem Zwilling bedeutet eine Ehe zu dritt."

Außerdem wird eine Heirat bei Zwillingen immer später und seltener vollzogen als bei Einlingen. Aber all das wundert uns nach dem bisher Erfahrenen auch nicht mehr.

Um es zusammenzufassen: In puncto Partnerschaft zeigt sich vor allem eine Schwierigkeit: Der jeweils andere Zwilling behält lebenslanges Mitspracherecht. Aber nicht immer stellt dieses Bündnis unter Zwillingen ein Problem für die Lebenspartner dar – zum Glück!

LIEBE UNTER ZWILLINGEN

Die Partnerwahl bei Zwillingen ist ein Thema, welches die Menschen immer wieder zu beschäftigen scheint. Vor vielen Monaten fand sich in der Post ein Brief aus dem Erzgebirge. Eine Frau erzählte uns darin von sich und ihrer eineiigen Zwillingsschwester. Sie hätten sich schon in frühen Jahren mit einer besonders schwierigen Frage zur Partnerwahl aussetzen müssen: Ist es möglich, dass sich Zwillinge ineinander verlieben?

Diese Frage zielt auf die inzestuöse Beziehung unter Zwillingen ab. Literarisch Bewanderten fällt Thomas Manns Novelle „Wälsungenblut" ein. Mit folgenden Worten bittet Siegmund seine Zwillingsschwester Sieglinde um Beischlaf:

„Braut und Schwester bist du dem Bruder – so blühe denn Wälsungenblut!"

In der Realität scheint diese Vorstellung für uns Zwillingsschwestern jedoch völlig absurd. Ohne Zweifel besteht zwischen uns eine Bindung, die von außergewöhnlicher Natur ist. Erinnern wir uns nur an Zazzos Vergleich mit dem Handschuh. Dabei handelt es sich jedoch weder um Begierde noch um

Erotik. Es heißt: „Gleich und gleich gesellt sich gern." Aber bezieht sich das auf eine Liebesbeziehung unter Zwillingen?

Vielleicht kommt diese Annahme daher, dass ein gemeinsames Bett für Zwillinge von großer Bedeutung ist. Zwillingsforscher Busjahn weiß, dass sogar fast 80 Prozent der gleichgeschlechtlichen ein- und mehreiigen Zwillinge und knapp 50 Prozent der nichtgleichgeschlechtlichen Zwillingspaare ein gemeinsames Bett teilen.

Auch wenn uns diese Aussage überrascht – hatte doch jede von uns von jeher ein eigenes Bett –, eine Begründung für jene abwegige Vorstellung ist diese Beobachtung nicht. Oder ist der Verdacht möglicherweise doch nicht so absurd? Und was beeinflusst überhaupt die Suche nach dem richtigen Partner?

Die Ergebnisse einer Untersuchung zweier Wissenschaftler aus Kanada zeigen, dass die Gene bei der Freundes- und Partnerwahl eine messbare Rolle spielen. Die Kanadier nahmen den sozialen Hintergrund, die Persönlichkeit und die Lebenseinstellungen von mehreren hundert eineiigen und zweieiigen Zwillingen sowie deren Partnern und Freunden näher in Augenschein.

Dabei stellte sich heraus, dass sich mehr als ein Zehntel der Studienteilnehmer durch ein gemeinsames Umfeld für einen Freund oder Partner entschieden. Bei mehr als der Hälfte waren es persönliche Bedingungen. Wohingegen der Einfluss der Partnerwahl bei mehr als einem Drittel auf die gemeinsamen Gene zurückzuführen war. (Vgl. American Psychological Society 2005)

Der Mensch scheint also eine Vorliebe für einen Menschen zu haben, der ihm besonders ähnlich ist. Das würde auch die Theorie der evolutionären Psychologie bestätigen: Demnach möchten Menschen so den Fortbestand der eigenen Gene sichern. (Vgl. Terzis / Arp 2011, S. 395)

Ist Liebe unter Zwillingen vor diesem Hintergrund also wahrscheinlich? Mit dieser Frage stehen wir nicht allein. Auch „The Huffington Post" fragt sich in einem Artikel von 2015: „Ist Twincest ekelhaft oder legitim"? Während „Inzest", also sexuelle Handlungen zwischen nah verwandten Menschen, gesellschaftlich geächtet werde, sei es unerwartet der „Twincest", der Geschlechtsverkehr zwischen Zwillingen, für den die Gesellschaft ein höheres Verständnis aufbringe.

Ein Beispiel für die Liebe unter Zwillingen aus neuerer Zeit beschreibt die Geschichte des sogenannten „Gay-Twin"-Paares. Mit ihrer öffentlichen

Liebe zueinander sind die tschechischen Zwillinge Elijah und Milo nicht nur in der Schwulenszene ebenso berühmt wie fragwürdig. Sträflich sind die Handlungen dieser Männer in Deutschland allerdings nicht. (Berry 2015)

In der Wissenschaft findet man kaum etwas zu diesem Thema. Aus den Gesprächen mit anderen Zwillingen zeigt sich jedoch eine regelrechte Abscheu gegenüber einer erotischen Zuneigung zueinander. So ist der Gedanke an eine Liebesbeziehung mit dem eigenen Zwilling nicht nur für uns, sondern auch für unsere befragten Zwillinge unvorstellbar. Zwillingsforscher Busjahn weiß jedoch, dass diese Abneigung nicht von allen Zwillingen gleichermaßen empfunden werde.

„Diese Zärtlichkeitsgefühle zueinander begannen bei diesen Zwillingspaaren meist in der Pubertät, gingen allerdings fast immer mit Schuldgefühlen einher."

Resümee: Die Annahmen über inzestuöse Liebe unter Zwillingen scheinen nicht ganz abwegig zu sein. Liebe unter Zwillingen ist möglich. Doch zeigen unsere Recherchen zu diesem Thema, dass Liebes- und Zwillingsbeziehungen im Wesentlichen nichts miteinander gemein haben.

HANNI UND NANNI –

HERAUSFORDERUNG NAMENSWAHL

Wie sollen meine Zwillingskinder heißen? Diese Frage stellen sich unzählige werdende Zwillingseltern. Es scheint keine leichte Aufgabe zu sein, die passenden Namen für doppeltes Kinderglück zu finden. Dabei ist der Vorname der erste elterliche Versuch, jedem Zwillingskind Individualität und Persönlichkeit mitzugeben.

Viele Zwillingsmütter schrieben uns Ideen, die werdenden Zwillingseltern bei der Namensfindung helfen könnten. Schön findet es eine Zwillingsmama, wenn die Namen der Zwillinge mit demselben Buchstaben beginnen, dann aber unterschiedlich ausklingen. So wie bei ihren Töchtern Daniela und Dorothea. Vornamen mit derselben Silbenanzahl findet eine andere Zwillingsmutter für alle Zwillingskinder am klangvollsten. Wohingegen es eine dritte Zwillingsmama „harmonisch-melodisch" findet, wenn sich das Ende der Namen gleicht. So wie bei Laura und Clara oder Fabian und Florian. Eine andere Mutter betrachtet hingegen gleichklingende Namen mit großer Skepsis. Denn sollten die Namen zu ähnlich sein, könne es beim Rufen der Zwillinge zu Verwechslungen kommen.

Viele Mütter bitten jedenfalls um Achtsamkeit bei der Namenswahl. *„Nur nicht zu lustig"*, warnt eine Briefeschreiberin aus Königs Wusterhausen. Sie wolle allen zukünftigen Zwillingen peinliches Gelächter auf dem Schulhof ersparen, indem sie von Namen wie Ernie und Bert oder Max und Moritz strengstens abrät. Kein Witz, das soll es gegeben haben.

Unsere eigenen Namen entstammen dank des Kulturinteresses unserer Eltern Film und Literatur. Bei uns ist es außerdem so, dass der erste Zwilling einen Namen mit dem Buchstaben A erhalten hat, während der des zweiten Zwillingskinds mit B beginnen sollte. Aber wie ist das bei den anderen Zwillingspaaren?

Wie wir erfuhren, erhielten überraschend viele Zwillinge ihre Namen auf ähnliche Weise wie wir. So auch Dora und Sabrina: Die Erstgeborene bekam das D für Dora, die Schwester der alphabetischen Reihenfolge nach das S für Sabrina.

Doch gibt es auch Zwillingspaare, welche auf eine andere Art und Weise zu ihren Namen gekommen sind. Ramona und Michaela teilten uns mit:

> *„Unsere Mutter wollte uns zuerst Tamara und Tatjana nennen, aber das fand sie albern, weil ja beides mit T anfängt."*

Letztlich wählten die Eltern der Schwestern die Namen ihrer Kinder gemeinsam.

Bei Bianca und ihrer Schwester trug es sich ganz anders zu:

> *„Unsere Mutter wusste bis zur Geburt nicht, dass sie Zwillinge bekommt. Als meine Schwester geboren war, sagte die Hebamme: ‚Es kommt noch eins!'"*

Bei dieser außergewöhnlichen Zwillingsgeschichte lagen Überraschung und Schreck dicht beieinander.

> *„Das Geld war sehr knapp, nun musste alles geändert werden, zum Beispiel Kinderwagen, Bett, Windeln, Kleidung und noch mehr."*

Bei der Namenswahl halfen schließlich die Krankenschwestern.

Ebenso erging es der Mutter von Olaf und Fabian, denn sie war mit Sicherheit nicht weniger sprachlos, als der Arzt nach der Geburt von Olaf zu ihr sagte:

„Bleiben Sie mal liegen, da kommt noch eins!"

Die Namensgebung stellte allerdings keine große Herausforderung dar: Da Olaf einen Doppelnamen bekommen sollte, wurde dieser auf beide Brüder aufgeteilt.

Birgit und Regina schildern eine andere Geschichte:

„Es ist so, dass wir im Jahre 1963 geboren und notgetauft wurden, da Regina aufgrund eines Herzfehlers fast gestorben wäre."

So entschied sich die Patentante der beiden Zwillingsmädchen für den Namen Birgit, während die Eltern den Namen Regina vorschlugen.

„Regina sagt immer, dass sie überlebt hat, weil sie gespürt haben muss, dass da noch jemand ist, der sie braucht. Und ich bin unserem lieben Gott unendlich dankbar dafür."

Aus Zweisamkeit wird Dreisamkeit (oder Vier...)

Viele Zwillinge sind innig verbunden, was aber nicht heißt, dass die Liebe zu den anderen Geschwistern nicht oft ebenso groß ist. So ist es auch in unserem Fall. Es mag jedoch nicht immer ein Glück für das ältere oder jüngere Geschwisterkind sein, wenn es ein Bündnis zwischen den Zwillingen gibt.

Unsere ältere Schwester Franziska verkündet beispielsweise gelegentlich, dass es nicht immer einfach für sie war. Sie beschreibt ihr Leben als große Schwester von Zwillingsmädchen wie folgt:

„Ich kann mich genau daran erinnern, dass ich mich sehr darüber gefreut habe, ein Geschwisterchen zu bekommen. Auch weiß ich, dass ich es war, die den zweiten Punkt auf dem Ultraschall entdeckte, der unsere Familie gleich um zwei Mädchen bereicherte.

Aus meiner heutigen Sicht weiß ich, dass das Abtrennen der Augenbrauen meiner Lieblingspuppe auch eine Schwester alleine geschafft hätte, damals war ich selbstverständlich auf beide sehr böse.

Es ist ein Luxus, gleich zwei kleine Schwestern zu bekommen, denn so konnten meine beste Freundin und ich je einen Zwilling in unsere Fahrradkörbe verfrachten und wilde Touren unternehmen.

Ich kann mich nicht an eine einzige Situation erinnern, in der mich meine Schwestern störten, eher hatte ich lange Zeit das subjektive Gefühl, keine besonders liebevolle Schwester gewesen zu sein. Dies lag aber ganz sicher an der Tatsache, dass ich sechs Jahre lang ein verwöhntes Einzelkind gewesen bin.

Unsere Eltern haben stets darauf geachtet, eine Gemeinschaft zwischen uns zu fördern, was ihnen auch gelang. Es gab kurze Abschnitte in unserem Leben, in denen es meinen Schwestern schwerfiel, zu spüren, dass ich als große Schwester manchmal ein wenig zu eigensinnig meinen Weg ging; und ebenso ging es mir, als ich ab und zu merkte, zwar immer die große, sehr geliebte Schwester zu sein, aber nie die Vertraute, die meine Schwestern jeweils für sich sind.

Es ist toll, Zwillingsschwestern zu haben. Ich habe immer wieder fasziniert beobachten können, wie diese beiden Menschen zusammenhängen und sich unterschiedlich und doch so gleich entwickeln. Ich genieße es, zwei gleiche, aber auch sehr unterschiedliche Charaktere um mich zu haben, mit denen ich verschiedene Themen besprechen kann.

Wir sind eine mehr als stabile Gemeinschaft, sicherlich hauptsächlich durch unsere Eltern geprägt, die sich auch in kritischen Lebenssituationen nie auseinanderbringen lassen würden. Mittlerweile haben wir es auch hervorragend gelernt, einander einfach leben zu lassen. Ich hätte mir nichts Besseres als diese beiden Schwestern wünschen können!"

Das sieht die ältere Schwester der Zwillinge Lena und Isa ganz ähnlich. Sie schreibt uns:

„Die Schwester von Zwillingen zu sein, ist für mich ganz großartig. Es ist immer wieder ein schönes Gefühl, anderen zu erzählen, dass man die Schwester von Zwil-

lingen ist. Das Besondere ist nicht nur das gleiche Aussehen, sondern auch die sehr
enge Bindung zwischen den beiden. Ich fühle mich nicht ausgeschlossen, da wir auch
eine enge Bindung zueinander haben."

Die ältere Schwester dieser Zwillinge empfand das jedoch nicht immer so.

„Anfangs, nachdem sie geboren waren, war die Eifersucht recht groß, da die ganze
Aufmerksamkeit doppelt auf sie gerichtet war. Ich bin neun Jahre älter als meine
Schwestern. Mir war schon bewusst, warum meine Schwestern so viel Aufmerk-
samkeit bekamen. Es war trotzdem nicht leicht für mich, damit umzugehen, und
so nahm ich eher Abstand von den beiden. Ein paar Jahre später verschwand die
Eifersucht und ich war, und bin es immer noch, sehr gerne die ‚große‘ Schwester."

Aber selbstverständlich ist das nicht. Denn nicht nur durch diese Schwester erfahren wir, dass es bisweilen zu Herausforderungen zwischen den
Geschwistern und den Zwillingen kommen kann. Zwillingsmutter Ingrid
schreibt uns:

„Ich denke, dass die Situation für meinen älteren Sohn extrem schwierig war,
erstens, weil der Abstand von ihm zu den Zwillingen weniger als anderthalb Jahre
betrug, außerdem, weil die beiden durch die Krankheiten, Arztbesuche, Kranken-
gymnastik und so weiter von meiner Zeit viel mehr einforderten, als bei Säuglingen
üblich. Als nach zweieinhalb Monaten der erste Zwilling aus dem Krankenhaus
entlassen wurde, konnte er das noch ganz gut verkraften. Als dann zwei Wochen
später, kurz vor Weihnachten, das andere Zwillingskind dazu kam, fand er das
schon nicht mehr so lustig."

Ähnliches beschreibt die Schwester von Luise und Kerstin:

„Es war nicht einfach, meine Rolle in meiner Familie zu finden. Durch die Gleich-
heit meiner Zwillingsschwestern standen die Mädchen meistens im Vordergrund
und ich war sehr einsam. Oft fühlte ich mich wie das fünfte Rad am Wagen. Meine
Schwestern waren immer ein eingespieltes Team. Zwei Hälften, die zusammengehö-
ren. Ich war immer außen vor. Das machte mich manchmal traurig."

Für die Gynäkologin Dr. Neumann ist dieses Phänomen aus ihrer langjährigen Berufspraxis nicht unbekannt. Insbesondere wenn die älteren

Geschwister bis zur Geburt der Zwillinge im Fokus der Eltern standen. Wenngleich dieses Los wohl alle älteren Geschwister teilen, haben es die Geschwister von Zwillingen oft doppelt so schwer. Denn die Herausforderungen, vor denen Zwillingseltern insbesondere in der Anfangszeit stehen, spiegeln sich nicht selten in zeitlicher Überforderung, Stress und Überlastung wider.

Doch damit nicht genug: Bei Luises und Kerstins Schwester verursachte die Anwesenheit der Zwillingskinder sogar ein Gefühl der Einsamkeit. So wie auch Isas und Lenas Schwester machte Luises und Kerstins Schwester die Verhaltensänderung des Umfeldes zu schaffen.

Aus lauter Verzückung beim Anblick der Zwillingskinder wurde sie als die ältere Schwester oft vergessen. So stand sie – als älteres Kind – neben dem Elternpaar und dem Zwillingspaar dem Anschein nach für sich allein.

Zur Vorbeugung gegen solche Gefühle beim älteren Kind erwiesen sich in Ingrids Fall die Großeltern als Rettungsanker. Sie schenkten ihre uneingeschränkte Aufmerksamkeit dem älteren Sohn und entlasteten damit die Mutter mit den Zwillingen unglaublich.

Wie wir an vielen Stellen dieses Buches erfahren haben, besteht zwischen den von uns befragten Zwillingen oft eine große Innigkeit. Auch zu unserer Schwester haben wir eine besondere Verbindung. Gerade in den Kinder- und Jugendtagen war sie als Ältere immer unser großes Vorbild. Doch wie wird die Beziehung, die Zwillinge zu den verbleibenden Geschwisterkindern haben, von anderen Zwillingspaaren empfunden?

Die Zwillingsbrüder Louis und Axel beschreiben ihr Verhältnis zu ihren Geschwistern so:

„Wir haben noch vier weitere Geschwister und wir würden schon sagen, dass wir zueinander eine andere Verbindung haben als zu den anderen Geschwistern."

Aber widmen Zwillinge den weiteren Geschwistern tatsächlich oft weniger Zeit? Daran haben Louis und Axel gar keinen Zweifel:

„Zwillinge verbringen sicher mehr Zeit zusammen als mit anderen Geschwistern."

Das komme nicht zuletzt daher, so Louis, dass man gemeinsam zur Schule gegangen sei.

Noch heute hätten beide Brüder dieselben Freunde.

Dem haben auch die eineiigen Zwillinge Sebastian und Stefan nichts entgegenzusetzen, sie verbringen sogar 90 Prozent ihrer Freizeit miteinander.

„Da wir beide absolut die gleichen Interessen haben, brauchen wir uns auch nicht abzustimmen, wie wir den Tag gestalten wollen."

So müssen die Zwillingsbrüder nie einen Kompromiss finden.

Von Dora und Sabrina wissen wir, dass die beiden eineiigen Schwestern in unterschiedlichen Städten wohnen und meistens ein Wochenende im Monat gemeinsam verbringen. Dora schreibt uns:

„Ich denke, dass die Zeit als Zwilling intensiver ist, da man dieselben Dinge diskutiert oder erlebt und ähnliche Probleme hat. Man genießt auch mal den Auftritt als Zwilling, vor allem, wenn Leute nicht wissen, dass es einen im Doppelpack gibt."

Ihre Empfindung begründet Dora damit, dass man im selben Alter sei, die gleichen Interessen habe und vieles gemeinsam unternehme.

Interessanter Punkt. Denn es ist wahr: Der Unterschied zwischen einem einzelnen Geschwisterkind und einem Zwillingspaar besteht natürlich auch darin, dass Zwillinge in den meisten Fällen immer zusammen sind. Ob Kinderzimmer, Schule, Mahlzeiten oder Kinderspiele – für Zwillinge gestaltet sich die Zeit meist gemeinsam.

So ähnlich gibt es auch Birgit wieder: Sie und ihre eineiige Zwillingsschwester Regina leben in derselben Stadt, und ihre Schwester hat sich mit dem Ehemann ein Haus mit Einliegerwohnung gekauft.

„Wer dort einzieht? Ich natürlich!"

Bisher lebt Birgit noch allein. Doch diese Situation wird sich bald ändern.

„Mein Schwager sagt bereits, dass er dann mit uns beiden verheiratet ist."

Beide Schwestern verbringen so viel Zeit wie möglich miteinander.

„Ja, wir sind das klassische Beispiel dafür, dass Zwillinge mehr Zeit miteinander verbringen als andere Geschwisterpaare."

Ihrer Meinung nach ist das sogar ein Muss für Zwillinge.

„Unser Motto ist eine ganz einfache Rechenformel: 2 x 1 = 1."

Wir sehen einmal mehr: Das Bündnis zwischen Zwillingen ist ein besonderes.

BIS DASS DER TOD UNS SCHEIDET

Nicht zuletzt durch die Parallelität der Erfahrungen bei Zwillingen beobachten Wissenschaftler bei einigen Zwillingspaaren eine Art Arbeitsteilung und sprechen dabei von einer „Außenminister-" und „Innenminister-"Rolle.

Diese Beobachtung macht auch der Bürgermeister der Stadt Lauffen am Neckar, Klaus-Peter Waldenberger, bei sich und seinem Zwillingsbruder:

„Es gab eine klare Rollenverteilung. Ich war der Aktive, Vorangehende, er der nachfolgende Teil. Als Erstgeborener habe ich Institutionen und Vereine gegründet und geleitet, die Arbeit und Koordination hat dann mein Bruder erledigt. Er stand gerne im Hintergrund – das war so in der Schülermitverwaltung, dem Sportverein, einem Rock 'n' Roll-Club, der Kirchenarbeit und auch später im Beruf." (Rauch 2009)

Ähnliches erfahren wir von den Zwillingsschwestern Kerstin und Luise:

„Als wir Kinder waren, räumte Kerstin unser Zimmer auf und Luise machte die Betten, Kerstin machte den Abwasch, Luise trocknete ab."

Diese Teilung der Arbeiten empfanden die Schwestern als sehr praktisch. Und auch wir erinnern uns an eine Arbeitsteilung. Während unserer Schulzeit schrieb Antonia mit und Barbara hörte zu, oder umgekehrt.

Nicht immer sehen Fachleute diese Rollenteilung positiv. So stünde zu befürchten, dass die Intensität der Zwillingsbeziehung im Alter zunehme. Zudem könne durch die Verteilung der Aufgaben ein Konkurrenzverhältnis oder eine Art Ungleichgewicht in der Entwicklung entstehen, erklärt uns Zwillingsforscher Dr. Busjahn.

„Derartige Feststellungen führen bei manchen Psychologen und Pädagogen sogar dazu, dass sie ein Alleinsein anraten."

Nur so könnten Zwillinge eigenständige Persönlichkeiten, Selbstvertrauen sowie Durchsetzungskraft entwickeln und sogar lernen, einsame Momente zu bewältigen.

Noch nie haben wir Schwestern verstehen können, warum man das, was zusammengehört, trennen solle. So sind wir unserer Familie noch heute dankbar, dass sie uns – dem Rat vieler Lehrer zum Trotz, „das Alleinsein zu üben" – zusammen auf eine Schule schickte und wir sogar dieselbe Klasse besuchen durften. Auch ein gemeinsames Zimmer und dieselben Freunde stellten nie ein Problem für uns oder unsere Familie dar. Mit der Zeit durften wir uns eigenständig für eine gewisse Unabhängigkeit entscheiden. Doch Angst vor einer zu großen Beziehungsintensität hatte unsere Familie glücklicherweise nie.

Auch Zwillingsmutter Ingrid verspürte zu keiner Zeit diese Furcht:

„Wir wären nie auf die Idee gekommen, die beiden zum Beispiel in der Schule zu trennen. Wir hatten allerdings das Glück, dass eine befreundete Familie mit drei Kindern (Sohn und zwei Töchtern) in der Nähe wohnte, mit denen die beiden sehr gut befreundet waren – meine eine Zwillingstochter mit der älteren und die andere Zwillingstochter mit der gleichaltrigen. Dadurch entwickelten beide recht frühzeitig eigene Freundschaften und eine gewisse Eigenständigkeit – auch etwas später in sportlicher Hinsicht, denn eine meiner Töchter war eine begeisterte Reiterin, die andere spielte Tennis."

Von den Schwierigkeiten, die aus einer zu engen Bindung entstehen können, erfahren wir erst, als wir Post von einer weiteren Zwillingsmutter erhalten. Aus der Beziehung ihrer Zwillingsmädchen entwickelte sich bereits in früher Kindheit eine Arbeitsteilung. So war es stets die eine Zwillingstochter, welche das Organisatorische der Zwillingspartnerschaft übernahm, erzählt sie uns. Das brachte die andere Tochter in späteren Jahren jedoch häufig in missliche Situationen, wenn sie eigenständig handeln musste.

Mit dem Tag des Auszugs aus dem Elternhaus entwickelten beide Schwestern eine ganz neue Identität. So wurde aus dem „Ihr" ein „Du". Zwei eigenständige Persönlichkeiten.

Beide Schwestern leben mittlerweile allein in jeweils einer anderen Stadt und mussten ihr Leben unabhängig voneinander organisieren lernen. Dies schmälert die Beziehung und die Liebe der beiden Töchter allerdings in keiner Weise.

Ähnlich erging es uns Schwestern, als wir einige Zeit unabhängig voneinander im Ausland lebten. Denn hier begann für uns ein neuer Prozess der Identitätsentwicklung. Mit einem Mal hieß es nicht mehr: „Kommt ihr heute Abend mit ins Kino?", sondern: „Kommst du?" So entwickelten wir Schwestern uns mehr und mehr zu Individuen, die sich auch mal allein durchkämpfen müssen. Zurück in der Heimat gab es auch weiterhin ein „Wir". An der einen oder anderen Stelle werden wir heute jedoch auch mal zum „Ich". Und so muss es unserer Meinung nach auch sein. So akzeptieren wir es heute und erachten es als wichtig.

Manchmal scheint sich solch eine enge Bindung allerdings tatsächlich zu verselbstständigen. Es soll Zwillinge geben, die gänzlich in einer Eigenwelt leben, die vielleicht sogar eine eigene Sprache erschaffen. Diesem Phänomen gehen wir im folgenden Kapitel genauer auf den Grund.

Fremdsprachenkenntnisse erforderlich

In den vorangegangenen Kapiteln haben wir gelernt, dass eine innige Beziehung unter Geschwistern nicht ausschließlich Zwillingen vorbehalten sein muss, denn auch „normale" Geschwister haben oft eine tiefe Bindung zueinander.

Was aber nur bei Zwillingen auftritt, ist das Phänomen der eigenen Sprache. So erzählt uns unsere Mutter von den anfänglichen Gesprächen zwischen uns Schwestern, die für alle anderen Menschen um uns herum unverständlich blieben. Eine Episode aus dieser Zeit ist ihr besonders in Erinnerung geblieben:

> *„Eng miteinander verbunden, wollte keine von den beiden ohne die andere sein. Eines Tages wurde Antonia von einer Wespe ins Gesicht gestochen. Innerhalb kurzer Zeit schwoll das Gesicht so an, dass wir schnellstens zum Arzt mussten. Eine Nachbarin wurde gerufen, die auf Barbara aufpassen sollte. Barbara hörte ihr weinendes Schwesterchen und wollte trösten, doch als sie das geschwollene Gesicht sah und es nicht erkannte, schrie auch sie. Dann jedoch die vertraute Stimme. Das Weinen verhallte. Die Stimme kannte sie, aber das Gesicht ..."*

Noch heute erzählt unsere Mama diese Geschichte mit herrlich lustigen Ausführungen unserer damaligen Zwillingssprache, welche wir uns relativ früh angewöhnt haben sollen. Verständlich war sie jedoch nur für uns Schwestern. Wir fragen uns: Gibt es so eine eigene Sprache auch bei anderen Zwillingen?

Auf den Spuren dieses Phänomens interviewen wir Zwillingsforscher Dr. Busjahn. Er spricht in diesem Zusammenhang von einer sogenannten Eigensprache der Zwillingskinder, auch bekannt als Idioglossien oder Idiophrasien. Daneben sind es Begriffe wie Kryptophasie und autonome Sprache, die ebenfalls die Kommunikation zwischen Zwillingskindern beschreiben.

Allerdings zeigt sich diese „Zwillingssprache" bei jedem Pärchen ganz unterschiedlich: Sind es bei dem einen Paar lediglich einige undeutlich ausgesprochene Wörter, welche den Zwillingspartner keinesfalls daran hindern, den anderen zu verstehen, so sind es bei anderen sogar ganze Sätze. Und das nicht einmal selten. Es soll sogar bei 40 Prozent aller Zwillinge vorkommen – vorwiegend bei eineiigen –, dass sie im Laufe ihres Lebens eine Eigensprache entwickeln. Dies insbesondere zwischen dem dritten und vierten Lebensjahr.

Bis zum Schuleintrittsalter verliert sich diese Sprache allerdings in den meisten Fällen. Das veranlasst Psychologen heutzutage dazu, dieses Phänomen als relativ unbedenklich einzustufen. Auch sei eine Reifungsverzögerung der Sprache keineswegs mit einer zentralen Schädigung oder einer psychobiologischen Besonderheit in Verbindung zu bringen.

Wie bei Vielem gibt es natürlich auch hier Extreme. Bei manchen Zwillingen bildet sich sogar eine ganz und gar eigenständige, autarke Sprache. So soll es ein Zwillingspaar gegeben haben, welches eine Sprache entwickelte, die nur das Paar selbst verstehen konnte. Das rührte daher, dass die beiden bis zum siebten Lebensjahr völlig isoliert aufgewachsen sind. Ähnliches erfahren wir von einem weiteren Zwillingspaar, welches bei einer älteren tauben Frau aufwuchs und sich eine eigene Sprache erschuf. (Vgl. Eberhard-Metzger 1998, 47ff.)

Oder denken wir nur an den extremen Fall von June und Jennifer Gibbons, von dem die Journalistin Marjorie Wallace in ihrem Buch „The Silent Twins" berichtete. Zeigten beide Schwestern in den ersten Jahren ihres Lebens noch eine ganz normale Entwicklung in der Sprache, so begannen sie mit etwa vier Jahren, sich in einer Geheimsprache zu unterhalten, sie ignorierten ihre Eltern und kommunizierten mit ihnen eines Tages nur noch schriftlich über ein Notizbuch.

Fallweise gibt es also Zwillinge, die sich selbst genügen und sich gegenüber der Außenwelt abzuschotten scheinen. Dazu halten auch unsere befragten Zwillinge einige Beispiele für uns bereit. Luise und Kerstin berichten:

> *„Als wir klein waren, hatten wir unsere ganz eigenen Wörter. Als wir größer wurden, hatten wir sogar einen eigenen Slang, um von unseren Eltern oder anderen Kindern nicht verstanden zu werden."*

Aus anderen Einsendungen erfahren wir außerdem von Zwillingspaaren, welche eine Art „Vogelsprache" oder auch „Taubstummensprache mit Gesten" entwickelt haben sollen.

Die eineiigen Zwillinge Dora und Sabrina kommen gelegentlich sogar ganz und gar ohne Worte aus:

> *„Ein Blick genügt, und ich weiß genau, was meine Schwester mir sagen will."*

So lieben sie beispielsweise „Tabu", ein Spiel, das sich um das Erklären von Begriffen dreht – das allerdings niemand mit ihnen spielen will, sobald beide Schwestern gemeinsam in einer Mannschaft sind.

Das Problem kennen wir gut!

Auch für unsere Freunde gibt es nichts Ärgerlicheres, als mit uns dieses Spiel zu spielen. Die Gegner eines Zwillingspaars erweisen sich hier besonders häufig als chancenlos.

Nur wenige Worte – vereinzelt sogar Blicke, eine Zahl oder Mimik – reichen aus, um dem anderen Zwilling die Lösung zu verdeutlichen. Dora bestätigt:

> *„Das Spiel gewinnen wir dann todsicher, weil ein paar Begriffe reichen, um ans Ziel zu kommen."*

Von dieser vertrauten Verständigung untereinander berichten uns auch die eineiigen Brüder Sebastian und Stefan:

> *„Wir können sehr schnell und undeutlich sprechen, sodass die anderen nicht verstehen, worüber wir uns eigentlich unterhalten haben. Dabei nutzen wir nur halbe Sätze oder verschlucken Wörter einfach."*

Lena und Isa haben zwar keine Eigensprache entwickelt, doch gibt es dennoch einige Wörter, die nur sie benutzen und verstehen können. Das ist bei Olaf und Fabian nicht anders. Sie erzählen uns von einem „Zauberwort" aus ihrer Kindheit, dessen Bedeutung natürlich nur die Brüder kennen.

Birgit und Regina erzählen:

„Wir haben in dem Sinne keine eigene Sprache, wir verstehen uns auch ohne Worte."

Und auch Louis und Axel bestätigen, dass sie sich teilweise nur anschauen müssten, um zu wissen, was der andere meint oder fühlt.

WIE ANDERE UNS SEHEN

Während eines Briefwechsels soll Vincent van Gogh einmal etwas sehr Schönes über Freunde geschrieben haben:

„Gute Freunde sind wahre Kostbarkeiten im Leben. Manchmal kennen sie uns besser als wir uns selbst. Wohlwollend, aber ehrlich, sind sie da, um uns Rat und Unterstützung zu geben, um mit uns zu lachen und zu weinen. Ihre Gegenwart erinnert uns daran, dass wir nie wirklich alleine sind.“ (Shatner 2016, 91)

Diese bewegenden Sätze schaffen uns eine wunderschöne Überleitung zum letzten Kapitel dieses Buches. Denn auch hier soll die Perspektive der Freunde und Bekannten nicht vergessen werden.

Natürlich haben wir im gesamten Buch Erzählungen unserer Mutter, unserer älteren Schwester und unserer Partner einfließen lassen. Auch die Eltern anderer Zwillingspaare bereicherten die Ausführungen mit schönen Geschichten und Anekdoten. Aber die Freunde eines Zwillingspaares haben eine ganz eigene Sicht auf deren Leben. Daher interessiert uns am Ende dieses Buches, wie Zwillinge von ihren Freunden und Bekannten gesehen werden.

Bei den Zwillingsschwestern Luise und Kerstin ist es Clara, eine Schulfreundin beider Zwillingsschwestern, die ihren Eindruck von den beiden Schwestern wiedergibt. Auf die Frage, wie sie die beiden Schwestern unterscheiden könne, antwortet sie:

„Wenn man die beiden kennt, hat man auch keine Schwierigkeiten, sie auseinanderzuhalten. Ich erkenne schon am Gang, an der Gestik und Mimik, wer Luise und wer Kerstin ist.“

Das ist allerdings nicht ungewöhnlich. Von Zwillingsforscher Andreas Busjahn wissen wir, dass der Gang beispielsweise nicht genetisch bedingt ist. Auf motorische Abläufe kann man bewusst Einfluss nehmen, zum Beispiel, wenn man sich von seinem Zwilling abheben möchte.

Clara jedenfalls kann selbst am Telefon die Stimmen von Luise und Kerstin auseinanderhalten, obwohl sich der Klang sehr ähnelt. Auch in der Persönlichkeitsstruktur der beiden Schwestern sieht sie gewisse Unterschiede:

„Ist die eine Schwester vielleicht etwas vorlauter, so ist die andere eher zurückhaltender. Dennoch habe ich beide Schwestern sehr gern."

Schon in der ersten Klasse bewunderte sie an den Schwestern eines ganz besonders:

„Egal, was kommen mochte, diese Zwillinge hielten immer zusammen. Bei ‚normalen' Geschwistern habe ich so ein ‚Füreinandereintreten' noch nie erlebt."

Auch wir wollten es genauer wissen und fragten unsere langjährige Freundin Simone, mit der wir vor vielen Jahren im Abendstudium zusammen die Schulbank drückten: „Zwillinge als Freunde haben – was fällt dir dazu ein?"

„Bevor es überhaupt zu einer Freundschaft kam, sah ich doppelt. Diese kichernden, fröhlichen jungen Frauen fielen mir durch ihre erfrischende, unverblümte Erzählweise auf, die ich erst einmal nur hörte. Sie saßen beim Studium hinter mir, und als ich mich umdrehte, traf mich der Schlag. Sie waren (und sind) bildhübsch und doppelt! Später kamen wir dann zusammen in eine Projektgruppe, ich wollte das so, denn mir gefielen diese zielstrebigen Frohnaturen. Es fiel mir anfangs sehr schwer, beide auseinanderzuhalten. Wenn sie mal unterschiedlich gekleidet waren, merkte ich mir kleine Facetten der Kleidung, um sie mit dem richtigen Namen anzusprechen. Aber beim nächsten Mal hatten sie wieder was anderes an, und alles begann von vorn. Ich brauchte bestimmt ein Jahr, um beide sicher unterscheiden zu können.

Das Ende unseres Studiums wurde durch eine Projektarbeit gekrönt, in welcher wir unser Wunschprojektteam zusammenstellen durften. Durch die Projektarbeit entwickelte sich eine Freundschaft."

Übrigens: Eine lange und sehr ehrliche Freundschaft, für die auch wir Zwillinge sehr dankbar sind.

„Fasziniert bin ich von der Vertrautheit zwischen den beiden. Oft verstehen sie sich ohne Worte. Aber sich gegenseitig so richtig mal die Meinung zu sagen, funktioniert bei Antonia und Barbara auch gut. Ich vermute, dass diese beiden Zwillinge sich

selten allein fühlen. Wäre ich ein Einzelkind, würde ich vor Neid platzen. Meiner einzigen Tochter würde ich so etwas Gutes wünschen, nicht nur eine Schwester oder einen Bruder, sondern die schöne Erfahrung, einen Zwillingscompagnon zu haben. Ich wollte immer Zwillinge bekommen. Dieser Mamawunsch ist leider nicht in Erfüllung gegangen, aber das Leben hat mir Zwillinge als Freunde geschenkt. Ich lernte die feinen Unterschiede im Charakter beider zu sehen und zu fühlen. Für mich ist es doppeltes Glück, mit Zwillingen befreundet zu sein. Wenn ich nur mit einer zusammen bin, fragt mein Gefühl: ‚Hey, wo ist die andere, wie geht es ihr?‘ Aber das Entscheidende – egal ob Zwillinge oder nicht – ist: Beide sind für sich allein so warmherzige, fantastische Menschen, wie ich sie selten erlebe, und deshalb bin ich glücklich über unsere heute noch bestehende Freundschaft.“

Berührend sind diese schönen Worte unserer Simone. Und sie versteht es wunderbar, die Empfindungen einer Zwillingsfreundin zu beschreiben.

Zur Zwillingspartnerschaft von Anastasia und Alina melden sich deren Zwillingsschwestern Ramona und Michaela zu Wort:

„Die beiden sind praktisch beinahe ein Spiegelbild von uns früher. Eine ist laut und selbstbewusst, die andere schüchterner und introvertiert.“

Zu denen, die eine Zwillingsfreundschaft am deutlichsten beschreiben können, zählt unsere frühere Nachbarin sowie älteste und engste Spielkameradin Romy:

„Ich hatte das große Glück, meine Kindheit nicht nur mit einer besten Freundin zu teilen, sondern ich hatte gleich zwei davon. Sie sind Zwillinge. Ich konnte meine Eltern, Nachbarn und Bekannten nicht verstehen, weil sie sie wegen ihres Aussehens nicht unterscheiden konnten. Für mich sahen sie sich zwar ähnlich, aber sie waren und sind zwei verschiedene, ganz besondere Menschen mit eigenen Persönlichkeiten. Es war nicht immer einfach mit ihnen – wenn wir uns beispielsweise kleine Briefchen schrieben, fanden sie es nicht so schön, wenn man beiden das Gleiche schrieb. Jede wollte ihren eigenen Brief erhalten. Ich war sehr glücklich, gleich zwei beste Freundinnen zu haben, mit denen ich meine Kindheit verbringen durfte, und bin es noch.“

Auch wir sind für diese Freundschaft sehr dankbar. Und besonders schön finden wir es, dass unsere Kinder jetzt an unsere früheren Abenteuergeschichten anknüpfen können.

IMMER 1X MEHR ALS DU

„Als Zwilling bin ich nie alleine. Meine Schwester trage ich stets im Herzen. Unsere Leben sind für immer verbunden. Wir sagen uns die Wahrheit wie beste Freunde. Auch wenn wir uns mal streiten, können wir doch immer sicher sein: Wir gehören zusammen."

Mit dieser Erkenntnis kommen wir zum Ende unseres Buches. In den vorangegangenen Kapiteln war es uns möglich, in die rätselhafte Welt von Zwillingen einzutauchen und den Phänomenen des Zwillingsdaseins nachzugehen. Wir haben gesehen, dass ein Leben ohne den anderen Zwilling herausfordernd ist. Auch aus der Wissenschaft haben wir viele interessante Beiträge zur Kenntnis genommen. Tatsachen, die auch für uns völlig neu waren. Illustriert wurde das alles durch die vielen Anekdoten unserer befragten Zwillinge.

Oft lieben es Zwillinge, mit anderen Zwillingen in Kontakt zu treten und sich auszutauschen. Auch werdende Zwillingseltern haben in der besonderen Situation viele Fragen. Wir haben versucht, Antworten zu geben, die Außenstehenden die Welt der Zwillinge erklärbarer macht, die Eltern das Leben mit Zwillingen möglicherweise ein bisschen erleichtert und durch die sich Zwillinge verstanden fühlen.

Dabei haben wir vor allem eines gelernt: Auch wenn Zwillinge oft eine doppelte Herausforderung bedeuten, sind sie doch insbesondere für Eltern und die Zwillinge selbst doppeltes Glück.

Am Ende dieses Buches ist eines unbestritten: Ein Zwilling zu sein ist magisch, mystisch, außergewöhnlich – und garantiert nie langweilig.

LITERATURVERZEICHNIS

Blattert, Werner: Zwillingswelten. Norderstedt, 2009

Bryan, Elizabeth: Zwillinge, Drillinge und noch mehr ...: Praktische Hilfen für den Alltag. Bern, Göttingen, Toronto, Seattle, 1994

Eberhard-Metzger, Claudia: Stichwort Zwilling. München, 1998

Hahn, Elisabeth et al.: What drives the development of social inequality over the life course? The German Twin Life Study. In: Twin Research and Human Genetics, 6/2016, S. 1–14

Kessler, Alice/Kessler, Ellen: Die Autobiografie. Eins und eins ist eins. München, 1996

Kico Media: Die Zwillies. Booklet der Audio-CD. Schwerte, 2006

Künzel, Carl: Die Briefe der Liselotte von der Pfalz: Herzogin von Orleans. Berlin, 2015

Riemann, Rainer/Spinath, Frank: Genetik und Persönlichkeit. In: Netter, Petra/Henning, Jürgen: Biopsychologische Grundlagen der Persönlichkeit. Wiesbaden, 2005. S. 539–628

Shatner, William: Spock und ich. Mein Freund Leonard Nimoy. München, 2016

Steinemann, Evelyne: Der verlorene Zwilling: Wie ein vorgeburtlicher Verlust unser Leben prägen kann. München, 2006

Terzis, George/Arp, Robert: Information and Living Systems: Philosophical and Scientific Perspectives. Massachusetts, 2011

Turkheimer, Eric et al.: Socioeconomic status modifies heritability of IQ in young children. Psychological Science, 14, 2003, S. 623–628

Zazzo, René: Paare und Paareffekte. Die dritte Zwillingsmethode. Zwillingsforschung in Frankreich. In: Friedrich, Walter/Job, Otmar Kabat vel: Zwillingsforschung international. Berlin, 1986. S. 19–42

INTERNETSEITEN

Abrufdatum der Internetquellen: 4. Juni 2018

Clements, Erin: Kimye, Brangelina, Bennifer: The Evolution Of Celebrity Couple Nicknames. In: Huffington Post, 18.04.2012. Online: https://www.huffingtonpost.com/2012/04/18/kimye-celebrity-nicknames_n_1435267.html

E., Berry: Liebe unter Zwillingen: Ist Twincest ekelhaft oder legitim. In: Huffington Post, 18.03.2015. Online: www.huffingtonpost.de/berry-e/liebe-unter-zwillingen-ist-twincest-ekelhaft-oder-legitim_b_6478752.html

Geisenhanslüke, Ralph: Wir haben einen Traum. In: Die Zeit, Nr. 02, 05.01.2008. Online: www.zeit.de/2008/02/Traum-Tokio-Hotel-02

Hellinger, Bert: Auf den Punkt gebracht. In: Lebenshilfe aktuell, 13.07.2011. Online: www2.hellinger.com/home/archiv/lebenshilfe-aktuell/ausgabe-13-juli-2011/auf-den-punkt-gebracht

Hoppe, Kimberly: Alice und Ellen Kessler: Ihr verrücktes Doppelleben. In: Abendzeitung, 18.08.2014. Online: www.abendzeitung-muenchen.de/inhalt.im-az-interview-privat-wie-nie-alice-und-ellen-kessler-ihr-verruecktes-doppelleben.a730f518-6aa4-4855-a5cb-b3d971076271.html

Paetzholdt, Benedikt: Wenn Zwillingsbrüder mit derselben Frau schlafen. In: Die Welt, 23.05.2007. Online: www.welt.de/vermischtes/article889103/Wenn-Zwillingsbrueder-mit-der-selben-Frau-schlafen.html

Rauch, Judith: Für immer zu zweit. In: Bild der Wissenschaft, 21.07.2009. Online: www.wissenschaft.de/umwelt-natur/fuer-immer-zu-zweit-2

Rushton, Philippe/Ann Bons, Trudy: Mate Choice and Friendship in Twins. Evidence for Genetic Similarity. In: American Psychological Society, Volume 16 – Nr. 7. (2005). Online: https://www.psychologicalscience.org/pdf/ps/genes_like.pdf

Statistisches Bundesamt: Bevölkerung Deutschland bis 2050 – 11. koordinierte Bevölkerungsvorausberechnung. Wiesbaden, 2006. Online: www.destatis. de/DE/PresseService/Presse/Pressekonferenzen/2006/Bevoelkerungsentwicklung/bevoelkerungsprojektion2050.pdf?__blob=publicationFile

Statistisches Bundesamt: Bevölkerung und Erwerbstätigkeit. Natürliche Bevölkerungsbewegung. Wiesbaden, 2017. Online: www.destatis.de/DE/Publikationen/Thematisch/Bevoelkerung/Bevoelkerungsbewegung/Bevoelkerungsbewegung2010110147004.pdf?__blob=publicationFile

Twin Life: Eine genetische informative Längsschnittstudie zur Entwicklung unterschiedlicher Lebenschancen. Online: www.twin-life.de

INDIREKTE LITERATUR- UND INTERNETQUELLEN

Erskine, Richard G.: Relational Needs. EATA Newsletter Nr. 73, 2002/ deutsch: Beziehungsbedürfnisse. In: Zeitschrift für Transaktionsanalyse, Heft 4. Paderborn, 2008. S. 287–297

Kreichgauer, Karl: Grundbedürfnisse. Walldorf. Online: www.gluecksarchiv. de/inhalt/grundbedarf.htm

Maslow, Abraham H.: Motivation und Persönlichkeit. Hamburg, 1981

Maslow, Abraham H: Psychologie des Seins. Ein Entwurf. Frankfurt/Main, 1994

Nedopil, Norbert: Kriminalität und Genetik: Vortrag bei der Tagung „Die Gene – Buch des Lebens" der Evangelischen Akademie Tutzing in Schloss Thurnau am 01.07.2006 Online: http://docplayer.org/36086925-Kriminalitaet-und-genetik-vortrag-bei-der-tagung-die-gene-buch-des-lebens-der-evangelischen-akademie-tutzing-in-schloss-thurnau-am-1.html

Nietzsche, Friedrich Wilhelm: Die fröhliche Wissenschaft (La gaya scienza). 1882. Band II. In: Schlechta, Karl von: Werke in 3 Bänden. Wien, 1977. S. 9–274

Shakespeare, William/Payne Collier, John: Shakespeare's Comedies, Histories, Tragedies, and Poems. Volume 1. London, 2012

Tanner, Max: What's So Great About Van Gogh? A Guide to Vincent Van Gogh Just For Kids! North Charleston, 2013

Wallace, Marjorie: The Silent Twins. London, 1996

WEITERFÜHRENDE LITERATUR-,

MEDIEN- UND INTERNETQUELLEN

Dalgaard, Odd Steffen/Kringlen, Einar: A Norwegian Twin Study of Criminality. In: British Journal of Criminology 16. Oxford, 1976. S. 213–232

Fauland, Christine/Simbruner, Georg: Zwillinge – Glückskinder? Sorgenkinder? Wien, 1988

Fierro, Pamela: Everything Twins, Triplets, and more Book. From seeing the first sonogram to coordinating nap times and feedings – all you need to enjoy your multiples. New York, 2005

Friedrich, Walter/vel Job, Otmar Kabat: Zwillingsforschung international. Berlin, 1986

Grigelat, Angela: Auf einmal zwei. Leben mit Zwillingen. München, 2009

Herrin, Erin Marie/Brobst Staheli, Lu Ann: When Hearts Conjoin. Brigham, 2009

Hornung, Simone: Jakob und Esau im Religionsunterricht der Grundschule – exegetische und bibeldidaktische Perspektive. Norderstedt, 2003

Joseph, Jay: The Trouble with Twin Studies. A Reassessment of Twin Research in the Social and Behavioral Sciences. New York, 2015

Leeming, David Adams: Creation Myths of the World. An Encyclopedia. Band 1, Santa Barbara, 2010

Martin, Stefanie: Die emotionale und kognitive Entwicklung von Zwillingskindern. Hamburg, 2009

Möbus, Dennis: Living Copies? Auf Identitätssuche mit eineiigen Zwillingen. Darmstadt, 2015

Roth, Anna-Lena: Reality-Show über siamesische Zwillinge: Nie allein. In: Spiegel, 27.08.2012. Online: www.spiegel.de/panorama/gesellschaft/siamesische-zwillinge-im-reality-tv-brittany-und-abigail-hensel-a-851782.html

Schröder, Willibald: Mehrlingsschwangerschaft und Mehrlingsgeburt. Ein Leitfaden für die Praxis. Stuttgart, 2001

FACHPERSONENINTERVIEWS

Busjahn, Andreas: Interviews, 2017
Dau, Rudolf: Interviews, 2017
Nedopil, Norbert: Interview, 2017
Neumann, Helga: Interviews, 2017
Schweinitz, Dietrich von: Interviews, 2017

WICHTIGE WEBSEITEN

HealthTwist GmbH: www.healthtwist.de
Projekt TwinLife: www.twin-life.de

UNSERE EIGENE SEITE

www.facebook.com/typischzwilling

Buchempfehlungen vom Verlag edition riedenburg

Im (Internet-)Buchhandel und auf
editionriedenburg.at

Kinder- und Jugendsachbücher vom Verlag edition riedenburg

S🙂WAS! SOWAS-Buch.de

Ich weiß jetzt wie! Für alle Kinder, die einfach noch mehr wissen wollen

Im (Internet-)Buchhandel und auf
editionriedenburg.at